なぜ八幡神社が日本でいちばん多いのか

【最強11神社】八幡／天神／稲荷／伊勢／出雲／春日／熊野／祇園／諏訪／白山／住吉の信仰系統

GS
幻冬舎新書
326

はじめに

日本は多神教の国である。日本人は、八百万《やおよろず》の神々を信仰していると言われている。

この多神教と比較されるのが一神教である。一神教の代表がユダヤ教、キリスト教、イスラム教である。こうした一神教においては、唯一絶対の創造神が信仰の対象になっている。創造神とは、この世界を作った超越的な存在である。

唯一絶対の神は、人間に対して自分以外の神を信仰することを禁じている。その話は、旧約聖書の「出《しゅつ》エジプト記《き》」にあるモーゼの物語のなかに出てくる。神はシナイ山においてモーゼに「十戒」を授けるが、その冒頭には、ユダヤの民族がほかの神を信仰することを戒める文言が出てくる。「私以外の何者も神としてはならない」というわけだ。

これに対して、八百万の神々が信仰の対象となる日本の多神教の世界では、どの神を信仰しても、どれだけ多くの神々を信仰の対象としてもかまわないとされている。この両者の違いをもとに、日本では多神教の寛容さが強調され、逆に一神教は排他的だとも言われる。とくに、アメリカで同時多発テロが起こり、宗教をめぐるテロや戦争が頻発した時期には、そう言われた。

周囲を見回してみると、私たち日本人はたしかに多種多様な神々を祀《まつ》っている。それぞれの神社には特定の祭神が祀られていて、その種類は実に多い。立派な社殿をもつ神社ではもちろんのこと、町のなかには小祠《しょうし》が祀られ、そこにもやはりさまざまな神々が祀られている。家の敷地のなかに祀られた屋敷神もあるし、企業が屋上などに祀っている小祠もある。

神々の数があまりにも多いせいか、私たちは個別の神について考えることは少ない。初詣や宮参り、あるいは七五三などの折に神社を訪れたときにも、そこに祀られる神について考えてみることはほとんどない。その神を祀った神社にどういった由緒があるのかにもさほど関心をもたない。地域の氏神の祭神は何かと聞かれて、即答できる人はかなり少ないはずだ。日本のなかでどれだけの数の神々が祀られているのか、それを数え上げようとする人もいない。それは、数があまりに膨大で数えきれないからでもあるが、そもそも私たちは、日本の神々のことについて意外なほど知識をもっていないのだ。神のことについて思いをめぐらすことなどほとんどない。

それに比較すれば、まだしも神社のことには関心をもっている。規模の大きな有名な神社の名前を挙げられる人も少なくない。伊勢神宮や出雲大社ともなれば、わざわざそこを訪れるために旅行の予定を組んだりする。とくに伊勢神宮への参拝は、庶民の間でも近世以降盛んになってきた。

本書と同じ幻冬舎新書の一冊として刊行した『浄土真宗はなぜ日本でいちばん多いのか』では、私たちが仏教宗派のことを意識するのは、葬式を挙げるときだけだということを指摘した。それに対して、神々にかんしては、その存在を意識する機会はほとんどめぐってこない。神という存在を思い起こす必要性がないとも言える。

たいがいの人たちは、神社で祀られている神々は、日本の神話について記した『古事記』や『日本書紀』のなかに登場するはずだと思っているかもしれない。こうした神話は、「記紀神話」とも呼ばれるが、実は、記紀神話の物語に登場する神々だけが神社の祭神になっているわけではない。むしろ、記紀神話に登場しない神々の方が、多く祭神となっている。

この点は、意外に思われることだろう。では、記紀神話に登場しないのだとすれば、神社の祭神はどこに由来するのだろうか。ただちに、そうした疑問がわいてくるはずだ。疑問はわいてきても、その問いに即答できる人はほとんどいない。私たち日本人は、それほど日本の神々について知らないし、知ろうともしてこなかったのである。

果たしてそれでいいのだろうか。私たちは、日本の神々についてもっと知る必要があるのではないだろうか。

拙著『神道はなぜ教えがないのか』（ベスト新書）でも述べたように、日本の神々を祀る神道の本質は「ない宗教」にある。神道には、開祖もいなければ、教典も教義もない。当初は、神社の社殿さえ存在せず、神主という専門的な宗教家もいなかった。一般に宗教の役割は救いを与えることにあるとされていて、それぞれの宗教では救済のための手段が開拓されているが、神道にはそうしたものがない（ここでは、教団を組織した教派神道は除いて考えている）。

その点では、神道ほどシンプルな宗教はないとも言える。そうした宗教が、長い歴史を超え、千数百年以上も続いていることは、世界の宗教史を考えても注目される事態である。神道とともに日本人の宗教世界を構成してきた仏教の場合には、6世紀に渡来したことが分かっているが、そもそも神道がいつはじまったのか、それすら定かではない。

神道は、「ない宗教」であるがゆえに、それがどういった存在なのか、言語化して説明することが難しい。私たちが、神々についてほとんど何も知らないのも、そのことが影響している。日本人の信仰する神々は、いったいどのような存在なのか。本書で考えようとするのは、そのことである。私たちが信仰の対象としている主な神々を個別に取り上げ、それぞれがどういった形で出現し、神々の世界において、あるいは日本の社会のなかでどういった役割を担ってきたのかを述べていきたい。その際には、当然、神々を祀っている神社のことについてもふれなければならない。

私たちが住んでいる地域を見回してみると、実に多くの神社があることに気づく。神社では、季節ごとに祭が行われ、私たちはそれに出かけていく。すでに述べたように、宮参りからはじまって各種の通過儀礼を果たすために神社を訪れることもある。

それぞれの神社では、鳥居の近くに「縁起《えんぎ》」や「由緒《ゆいしょ》」を掲げていることが多い。それを読むと、どういった祭神が祀られているのかからはじまって、その神社の歴史、あるいはご利益などが説明されている。

そこにはもっともらしいことが記されていて、いかにその神社が古くからの歴史をもっているかが強調されている。神代の昔から鎮座していることを誇っているような神社も少なくない。それを読んで、「なるほど」と思うこともあるだろうが、そんなに昔からあるものかと首をかしげることもあるだろう。けれども、ではどこがおかしいのかと考えると、それをうまく指摘することができない。

また、それぞれの神社では、境内のなかに摂社《せっしゃ》や末社《まっしゃ》といった小祠が祀られている。摂社は、その神社の祭神と関連性の深い神を祀ったもので、末社は関連性が薄いものを言う。とくに、稲荷《いなり》社が境内に祀られていることが多い。

なぜ、一つの神社のなかに多くの小祠が祀られているのか。これも、神社のことを考える上で、興味深い点である。

そもそも、なぜその神社で特定の祭神が祀られているのか、不思議に思うことも少なくない。

たとえば、藤原氏の氏神である奈良の春日大社の祭神は春日神である。それは、武甕槌命《たけみかづちのみこと》、経津主命《ふつぬしのみこと》、天児屋根命《あめのこやねのみこと》、比売神《ひめがみ》からなっている。武甕槌命は茨城にある鹿島神宮《かしまじんぐう》の祭神で、そこから勧請《かんじょう》（神の霊を分けたものを別の神社に移すこと）されたものである。経津主命も、千葉の香取神宮《かとりじんぐう》の祭神で、同様にそこから勧請されたものである。藤原氏は、なぜ東国の神々を勧請して、それを自分たちの氏神として祀るようになったのだろうか。考えてみると、かなり不思議である。

日本の神々のことを考えていくと、いろいろと興味深い事実や出来事にぶちあたる。そこには、歴史上のさまざまな事柄や社会関係、権力の問題などがからんでいる。神々について知るということは、日本の社会を知ることにもつながっていく。逆に、神々について知らないということは、日本の社会について十分な知識を持ち合わせていないことを意味する。日本の神々の正体を知ることは、日本人の本当の姿を知ることに結びつくのである。

なお、神の名前、神名のことだが、『古事記』と『日本書紀』では漢字の表記が異なるし、同じ『古事記』のなかでも異なる漢字があてられている。またほかの文献でも異なる。したがって表記の統一は不可能である。本書では、適宜、異なる表記にも言及している。それぞれの神社の祭神については、原則として神社側の表記に従った。

なぜ八幡神社が日本でいちばん多いのか／目次

第6章 春日

――権勢をほしいままにした藤原氏の氏神 177

序章　日本の神々と神社

八百万の神と言うが『古事記』には327柱の神しか出てこない

これから個別の神々について述べていく前に、その前提として、知っておくべき基礎的な事柄にふれておきたい。

日本では、「八百万の神」、ないしは「八百万の神々」という言い方がよくなされる。前者は『古事記』に出てくる。この場合の八百万とは、実際に、日本で信仰される神々がそれだけの数あるということではなく、数が多いことの表現である。

では実際に、日本にはどれだけの神々が存在しているのだろうか。

これは、かなり難しい問題である。

神々について記した書物としては、『古事記』と『日本書紀』がある。『古事記』だと、全体が三つの巻に分かれていて、上巻に神々のことが記されている。中巻は、神々の流れをくむ初代の天皇、神武《じんむ》天皇の事柄からはじまっている。

『古事記』の上巻にどれだけの数の神々が登場するか、それは数え上げてみれば分かるわけだが、同じ神が別の名前で登場することもあり、案外数えるのは難しい。別冊歴史読本の『日本古代史「記紀・風土記」総覧』(新人物往来社)によれば、その総数は267柱にのぼるという。これには、同じ神の別名も含まれている。なお、神は「柱」で数える。

一方、『日本書紀』の方では、同じ資料によれば、181柱である。『日本書紀』は、本文といくつかの別の文書、「一書」と呼ばれるものに分かれるが、本文には66柱、一書には115柱登場する。

『古事記』と『日本書紀』で共通する神の数は、本文で56柱、一書で56柱である。そして、一書に独自の神は59柱である。『古事記』の267柱と、『日本書紀』一書独自の59柱とをあわせると326柱となる。さらに、『古事記』の中巻でも、1柱の神が新たに登場するので、それをあわせると全部で327柱となる。

327柱という数は、意外に少ない。とても、八百万という数には及ばない。

稲荷神社には1万、靖国神社には246万柱の神がいる

しかし、現在日本で神社に祀られている神々は、必ずしも『古事記』や『日本書紀』に登場するものだけとは限らない。これから見ていくように、かなりポピュラーな八幡、天神、稲荷などは、日本の神話とは無縁な神々である。実は、そうした神々の方が、「記紀神話」と呼ばれる『古事記』や『日本書紀』に記された神話に登場する神よりも、数としては多いように思われる。

「思われる」と曖昧な言い方になるのは、神々の範囲は恐ろしく広いからである。

たとえば、稲荷信仰の中心である伏見稲荷大社《ふしみいなりたいしゃ》の背後には、稲荷山という小高い山があり、そこには、石碑に神名を刻んだ「お塚」の信仰が見られる。このお塚の数は、現在1万基を超えていると見積もられている。お塚に刻まれた神名には共通のものもあるが、それぞれを別の神々と考えれば、1万柱の神々が稲荷山だけで祀られていることになる。

さらに、東京九段の靖国神社では、これまで日本が行ってきた戦争の際の戦死者、戦没者を「英霊」として祀っており、氏名の下に「命《みこと》」という神の呼称がつけられている。これを神々として考えると、その数だけで246万柱を超える。

日本では、靖国神社ができる前にも、人を神として祀る慣習があった。天神などは、菅原道真《すがわらみちざね》の霊を、最初祟《たた》り神として祀ったものだが、戦国時代の武将、織田信長や豊臣秀吉、徳川家康なども神として祀られてきた。家康を祀る日光東照宮は有名である。

近代に入ると、明治天皇をはじめ、乃木希典《のぎまれすけ》や東郷平八郎《とうごうへいはちろう》といった軍人も死後に神社に祀られている。

さらに近年でも、稲荷山には、作家の阿佐田哲也《あさだてつや》が神として祀られている。これは、新日本麻雀連盟が祀ったもので、阿佐田が生前に多くの麻雀小説を書いていたことによる。

誰を神として祀ろうと、それは祀る側の自由で、どこかの許可を必要とするわけではない。その点で、日本の神の数はつねに増え続けていくわけで、今後も増えていくものと考えられる。

その点でも、その総数を数え上げることは不可能な作業である。

しかも、神社における神の祀り方も、この数ということを複雑にしている。

同じ祭神を祀っている神社であっても、個々の神社の名称には地名などがついていて、それぞれが区別されている。

たとえば、東京23区のなかでも比較的規模の小さな荒川区では、稲荷社として、西日暮里《にしにっぽり》の向陵《こうりょう》稲荷神社、東日暮里の隼人《はやと》稲荷神社、南千住の豊川稲荷神社、荒川の宮地《みやじ》稲荷神社、町屋の原《はら》稲荷神社と、5社が祀られている。どれも祭神は、稲荷神、つまりは宇《う》迦《か》之《の》御魂神《みたまのかみ》（別名・倉稲魂命《うかのみたまのみこと》）である。

その点で、どれも同じ神を祀る神社だということになるが、地域の人たちはそれぞれの稲荷社を区別しており、別々の名称で呼んでいる。つまり、宮地稲荷神社と原稲荷神社は、別の神を祀る神社としてとらえられているわけだ。となると、現実的には、荒川区内には、一つではなく5つの稲荷神が祀られていることになる。

さらに、一つの神社には、本殿のほかに境内社《けいだいしゃ》があり、そこには本殿の祭神とは別の神々が祀られている。たとえば、今挙げた宮地稲荷神社では、猿田《さるた》彦大神《ひこおおかみ》、天神社、神明宮《しんめいぐう》、疱瘡神《ほうそうしん》が境内社として祀られている。神明宮には、後の章で述べるように天照大御神《あまてらすおおみかみ》が祀られているわけだが、疱瘡神となると、疱瘡を引き起こす原因であり、独立した信仰対象として考えることが難しい。

ザビエルが神「デウス」の訳語を「大日如来」とした理由

日本の神々の世界は相当に複雑であり、数えることが難しいだけではなく、錯綜している。そこには、日本社会の近代化もかかわっている。明治に入るまでの時代、あるいは明治時代に入ってもしばらくの間は、今よりも多くの神社が祀られていた。ところが、明治の末期になると、政府の政策として「神社整理」が行われ、一つの町村に一つの神社を祀る体制の実現がめざされた。

これに対して、民俗学者の南方熊楠《みなかたくまぐす》などが強く反対したことはよく知られており、一町村一社まで整理統合されることはなかったものの、数はかなり減った。また、近代に入るまでは、祭神が必ずしも明確になっていない神社が少なくなかったが、記紀神話の浸透がはかられるなかで、祭神が明確化されていった。つまり、それまで何を祀っているのか、性格がはっきりしていなかった神社に、記紀神話などに由来する神が祀られるようになったわけである。

神道の信仰は古代からのもので、日本人の歴史と同じくらい古い。しかし、古いものがそのまま受け継がれてきたわけではなく、歴史のなかで人間の側の都合で、信仰のあり方や内容は大きく変わってきた。神々の世界もその影響を受けて、絶えず変容を遂げてきた。これからも当然、その変容は続いていくはずである。

キリスト教やイスラム教といった一神教における神は、この世界を作り上げた創造神であり、信者にとっては唯一絶対の存在である。それに対して、日本の神々は、創造神でもなければ、唯一絶対の存在でもない。

その点では、異なるものに対して、同じ神ということばを使っていることが問題だとも言える。少なくとも一神教の神と、八百万の神々とを同列に扱うことはできない。

実際、日本にキリスト教を伝えたフランシスコ・ザビエルは、自分たちの信仰する神である「デウス」を日本語に翻訳する際に、最初「大日」を使った。密教における大日如来《だいにちにょらい》のことである。これは、日本人の助言があってのことだが、天照大御神ではなく、大日如来がデウスを表現するために用いられた点は注目される。それによって、最初キリスト教は仏教の新しい宗派と誤解されたが、その分、抵抗なく布教ができた。

デウスが天照大御神と訳されれば、いくら天照大御神が皇祖神《こうそしん》であるとは言え、八百万の神々の一つということになってしまう。だからこそ、それが訳語として選ばれなかったのだろうが、そこには同じ神でも性格がまるで違うことが示されている。

日本の神々の3種類の出自

出自から考えて、日本の神々は次の三つの種類に分けられる。

第一の種類は、神話に根差した神々であり、具体的には『古事記』や『日本書紀』に登場する神々である。その総数が327柱に及ぶことは、すでにふれた。これは、数が固定されており、今後増えていくことはない。

第二の種類は、記紀神話には登場せず、日本の歴史が進行していくなかで、新たに祀られるようになった神々である。それは、八幡神のように、渡来人が祀るようになった外来の神か、稲荷のように突然出現した神である。こうした神々は、外来の神や記紀神話にもとづく神と習合することもある。これについては増えていく可能性もあるが、現実には、そうしたことは起こりにくくなっている。

第三の種類は、天神に典型的に見られるように、人を神として祀ったものである。そのなかには、天皇や軍人を祀ったものも含まれる。これについては、今後も増加が予想される。あるいは、今日この時点で、新たな神が生み出されているかもしれない。

習合という現象があるために、このうち二つの種類にまたがっているような神もある。第二の種類にあたる稲荷神は、第一の種類に属する豊受大御神《とようけのおおみかみ》と習合した。

さらに、日本の神々の特徴は、「勧請」によって「分霊」され、一つの神がつぎつぎと別の場所で祀られるようになっていくところにある。分霊が行われても、もともとの神の威力が衰えることはないとされており、いくらでもそれが行われていく。

唯一絶対の創造神には、こうした勧請や分霊などということは起こり得ない。それは、一神教の神観念からすれば、あってはならないことで、信仰者にとっては想像も及ばないことだろう。ここにも、日本の神々と一神教の神との違いが示されている。

日本で神々を祀る場が神社である。神社は、宗教施設である点で、仏教の寺院、キリスト教の教会、イスラム教のモスク、ユダヤ教のシナゴーグなどと共通する。ただし、神社の独自性もあり、他宗教の宗教施設とは性格に違いがある。

もともと神道には、社殿を伴う神社はなかった。古代においては、祭祀《さいし》を行う際に、臨時に祭場を設けていた。それが、恒久的な施設へと発展していくが、いったいいつから今日の神社のような建築物が生まれたのか、はっきりしたことは分かっていない。

全国にある約8万社の神社を包括する神社庁

仏教の寺院と比較した場合、寺院には基本的に住職などが居住しているのに対して、神社には必ずしも神主が住んでいるとは限らない。それも、寺院が、本尊である仏に対して祈願する場であるとともに、僧侶が修行を実践したり、学問的な研鑽を行う場になっているのに対して、神社には、修行や学問研鑽の場としての役割がほぼ欠けているからである。

それは、神社に仕える神主と寺院に仕える僧侶のあり方の違いにも影響している。僧侶は出家であり、出家得度して以降はずっとその立場にあるのに対して、神主は出家ではなく、俗人であり、祭祀を行うときにだけその役割を担うことになる。

大規模な神社には、かなり昔から、「社家《しやけ》」というものがあり、その家に属する人間が代々神主を受け継いでいた。そうした例はあるものの、すべての神社に社家があったわけではない。中世から近世にかけて、神道と仏教が融合していた「神仏習合」の時代には、神社の境内地に設けられた「神宮寺」と呼ばれる寺院に属する僧侶が祭祀を行ったり、その管理を行っていたりした。地域にある小規模な神社ともなれば、その地域の氏子が当番で管理にあたり、祭祀も営んだ。

明治以降は、皇居に「宮中三殿《きゆうちゆうさんでん》」と呼ばれる皇室祭祀のための施設が作られ、天皇を中心に定期的に儀礼が営まれるようになったが、その場合、天皇は神主としての役割を担った。現在の憲法下では、こうした営みは天皇の私的な行為と位置づけられている。

神社は、基本的に神が祀られた宗教的な空間としての意味を担い、それがあくまで中心である。神に対して祈願を行い、神道式の儀式を営むことが本質的な役割で、それ以外の機能はもっていない。仏教寺院が、僧侶という「人のための場」であるのに対して、神社は「神のための場」なのである。

現在の神社は、仏教寺院と同様に、それぞれが宗教法人として組織されている。宗教法人については、戦後に制定された宗教法人法によって規定されており、文化庁や都道府県によって認証されることで、宗教法人格を得ることができる。

そもそもこの宗教法人法は、戦前に国家の庇護《ひご》のもとにおかれていた神社が、それを失ったため、法人格を必要とするようになったことで生まれた法律である。神社は、その規模はさまざまだが、境内地をもっており、それを恒久的に維持していくためには、法人格が不可欠である。

神社界には、神社本庁という組織が存在し、全国にあるおよそ8万社の神社を包括している。神社本庁という名称からは、公的な組織、官僚機構のようなイメージがあるが、あくまで民間の宗教法人である。神社のなかには、靖国神社や鶴岡八幡宮、伏見稲荷大社のように、神社本庁に包括されず、単立の宗教法人として活動しているところもある。

これからの各章では、日本で祀られている主な神を取り上げ、解説を加えていくことになる。どの神を取り上げるかでは、さまざまな考え方ができるだろうが、基本的に、一般によく知られ、それを祭神として祀る神社の多いものを選んだ。最後の章では、そのなかからもれたものについても解説を加えた。それによって、八百万の神々の世界の全体像が理解できるはずである。

【全体を通じての主な参考文献】

・伊藤聡『神道とは何か――神と仏の日本史』中公新書
・岡田荘司編『日本神道史』吉川弘文館
・島田裕巳『神も仏も大好きな日本人』ちくま新書
・　同　『神道はなぜ教えがないのか』ベスト新書
・　同　『聖地にはこんなに秘密がある』講談社

第1章 八幡

——日本神話に登場しない外来の荒ぶる神

19万3000あった神社が明治時代11万に「整理」された

日本全国には、いったいどれだけの数の神社があるのだろうか。

宗教についての統計ということでは、文化庁の宗務課が毎年刊行している『宗教年鑑』というものがある。これは、それぞれの宗教法人から申告された数をそのまま掲載したものだが、その平成22（2010）年版によれば、全国の神社の数は8万6440社となっている。

これは、仏教寺院の数を少し上回っている。仏教寺院は全国に8万2346カ寺ある。ただ、そのなかには、神仏習合の時代の名残で11の神社も含まれている。これを神道と仏教のどちらに分類するのかが問題になってくるが、神社と寺院の数はともにおよそ8万台と考えていいだろう。

神社の場合には、宗教法人としての認証を受けていない、一般に「小祠」と呼ばれるものがある。街角にひっそりと祀られているものもあれば、家のなかに祀られた屋敷神もある。あるいは、企業が本社の屋上などに祀っているものもある。そうしたものをあわせると、8万社ではすまない。14万社から15万社はあるのではないかと言う神職もいる。

戦前においては、主要な神社は国によって経済的に支えられていた。そのため、経費削減という意味もあり、明治時代には「神社整理」が行われた。国の政策として、複数の神社を一つに合祀したのである。この政策に対して、序章で述べたように民俗学者の南方熊楠などが反対したことはよく知られているが、これによって19万3000社あった神社が11万社余りに減ったとされている。

最近でも、過疎化などによって、それぞれの神社の氏子の数が減少し、維持できなくなった神社がつぎつぎと生まれている。その場合にも、近隣にある神社に合祀されることになるが、一年の間に数百、あるいは千の単位で減少しているとも言われている。これから、人口の減少がさらに進めば、それと併行して神社の数もかなり減少していくことが予想される。

八幡神社はその数でダントツの神社系統

そうした問題はさておき、神社の総元締めである神社本庁が、その傘下にある7万9355社の神社を対象に、平成2（1990）年から7年にかけて行った「全国神社祭祀祭礼総合調査」によると、神社としてもっとも多いのは八幡信仰にかかわる神社だとされている。これは八幡神社や八幡宮、若宮神社と呼ばれるものだが、その数は7817社だった。以下、信仰別に次のようになる。（ ）内はそれぞれの信仰にかかわる神社の主な呼び方である。

2位　伊勢信仰　4425社（神明社《しんめいしゃ》、神明宮《しんめいぐう》、皇大《こうたい》神社、伊勢神宮など）

3位　天神信仰　3953社（天満宮《てんまんぐう》、天神社、北野神社など）
4位　稲荷信仰　2970社（稲荷神社、宇賀《うが》神社、稲荷社など）
5位　熊野信仰　2693社（熊野神社、王子神社、十二所《じゅうにしょ》神社、若一王子《にゃくいちおうじ》神社など）
6位　諏訪《すわ》信仰　2616社（諏訪神社、諏訪社、南方《みなかた》神社など）
7位　祇園《ぎおん》信仰　2299社（八坂《やさか》神社、須賀《すが》神社、八雲《やくも》神社、津島神社、須佐《すさ》神社など）
8位　白山《はくさん》信仰　1893社（白山神社、白山社、白山比咩《しらやまひめ》神社、白山姫神社など）
9位　日吉信仰　1724社（日吉《ひよし》神社、日枝《ひえ》神社、山王社など）
10位　山神信仰　1571社（山神社など）

さらにこの後には、春日信仰、三島・大山祇《おおやまづみ》信仰、鹿島《かしま》信仰、金毘羅《こんぴら》信仰と続いていく。

この調査で対象になった神社の数は、7万9355社のうち祭神が明確に判明した4万9084社で、現存する神社全体が含まれているわけではないが、それにしても、八幡信仰の7817社はダントツである。2位の伊勢信仰とはかなりの差があり、これだけを見ても、八幡信仰がいかに広がっているかが分かる。

実際、周囲を見回してみると、いたるところに八幡神社や八幡宮が鎮座していることに気づく。私は世田谷区の経堂《きょうどう》に住んでいるが、地元の氏神は世田谷八幡宮である。経堂から小田急線で新宿へ向かう途中の下北沢駅近くには北澤八幡神社があり、代々木八幡駅《よよぎはちまん》には小説家の平岩弓枝氏の夫君が神主をつとめてきた代々木八幡宮がある。経堂の駅の北、京王線に向かうと勝利《しょうり》八幡神社があるし、京王線には八幡神社にちなむ八幡山という場所もある。

八幡神社として著名なものとしては、鎌倉の鶴岡八幡宮、京都の石清水《いわしみず》八幡宮、博多の筥崎《はこざき》宮《ぐう》、大分の宇佐神宮《うさじんぐう》などが挙げられる。ほかにも、富岡八幡宮、手向山《たむけやま》八幡宮、鹿児島神宮などがよく知られている。

地元にある八幡神社や八幡宮は、親しみをこめて「八幡さん」とか「八幡様」と呼ばれることが多い。ほかの神社の場合にも、「天神様」や「住吉さん」、「お稲荷さん」のように、同様に親しみをこめて呼ばれるところもあるが、八幡の場合がいちばん、そうしたことが起こりやすいのではないだろうか。それだけ、八幡信仰は庶民の間に広がっている。

『古事記』『日本書紀』とまったく関係のない八幡神

八幡信仰は、神道に見られるさまざまな信仰の一部を構成しているわけだが、そうした点では、かなり独立性をもった信仰であるとも言える。実際、八幡信仰を追っていくと、興味深い事柄がつぎつぎに出てくるのである。

何よりも興味深い点は、八幡神が『古事記』や『日本書紀』といった日本神話のなかにまったく登場しないことである。

　これは、八幡信仰の広がりからすると、意外に思われるかもしれない。ところが、八幡神は日本神話と無縁な存在であり、神話では語られないまま、歴史の舞台に忽然《こつぜん》と登場するのである。

　八幡のことが最初に文献に登場するのは、天平《てんぴょう》9（737）年である。この年の1月に新羅《しらぎ》に使節が派遣されるが、受け入れを拒まれ、日本と新羅との関係が悪化した。『続日本紀《しょくにほんぎ》』によれば、そこで朝廷は、伊勢神宮、大神《おおみわ》神社、筑紫国《つくしのくに》（現在の福岡県）の住吉と香椎《かしい》宮、そして八幡に幣帛《へいはく》（神に祈りをささげる際に奉献されるものの総称）を奉り、この出来事を報告したという。『続日本紀』は、勅撰《ちょくせん》の歴史書で、いわば公式の歴史記録ということになるが、これが完成したのは延暦《えんりゃく》16（797）年のことである。

　このうち、伊勢神宮は天皇家の祖神である天照大御神を祀る神社であり、奈良の大神神社は日本でもっとも古いとも言われる由緒のある神社である。筑紫の住吉は新羅をのぞむ博多湾に面しており、香椎宮はいわゆる三韓征伐《さんかんせいばつ》（日本の神話に記された朝鮮半島への出兵をさし、これによって、高句麗《こうくり》・百済《くだら》が日本の支配下に入ったとされる）を行ったとされる神功皇后《じんぐうこうごう》を祀っている。その意味ではどれも、新羅の問題を報告するにはふさわしい神社と言えるが、宇佐神宮のことをさす八幡が、なぜここに含まれたのかは注目される。

八幡信仰が広がっていくにあたっては、八幡神が応神天皇《おうじんてんのう》（第15代天皇）と習合したことが大きくものをいった。それによって八幡神は、天照大御神に次ぐ皇祖神として位置づけられるようになったからである。

その応神天皇の母が神功皇后で、皇后は妊娠中に三韓征伐を行ったことから、応神天皇は「胎中天皇《たいちゅう》」とも呼ばれている。八幡神と応神天皇の習合がいったいいつの時点からはじまったのかが問題になるが、すでにこの時点で、それが起こっていたという説もある。

日本史上の大事件！　東大寺大仏建立と八幡神の大出世

さらに、『続日本紀』によれば、天平12年に太宰府に左遷された藤原広嗣《ふじわらのひろつぐ》が反乱を起こしたときにも、八幡に戦勝が祈願されたという。広嗣が討たれ、その乱がおさまると、翌年にはその感謝をこめて、宇佐（大分県宇佐市）の「八幡神宮」に対して、新羅の宮廷で作られた錦の冠「秘錦冠《ひごんかん》」一頭、金字の『最勝王経《さいしょうおうきょう》』と『法華経』が各一部奉納された上、年分度者《ねんぶんどしゃ》（朝廷によって定められた、各宗派において1年間に出家得度できる人数）10人、封戸《ふこ》（貴族に対して給付される金銭や物資）、馬5匹が寄進されている。たんに八幡宮ではなく八幡神宮と呼ばれているところには、その格が高かったことが示されている。

この二つの出来事は、8世紀のはじめの時点で、宇佐に祀られた八幡神が朝廷にとってかなり重要な存在であったことを示唆している。それを鮮やかな形で示したのが、奈良の東大寺に大仏が造立されたとき、八幡神が上京した出来事である。

聖武天皇は、天平15年10月、諸国にある国分寺や国分尼寺《こくぶんにじ》を統括する本寺とするために大仏造立の詔《みことのり》を出した。「菩薩の大願を発して、盧舎那仏《るしゃなぶつ》の金銅像一軀を造り奉る」と言うのである。最初、大仏は離宮《りきゅう》のあった近江の紫香楽宮《しがらきのみや》で建設がはじまったが、難波京《なにわきょう》を経て、天平17年に平城京に遷都されたことから、大仏もまた平城京で造立されることとなった。

大仏関係の文書を数多く保存している正倉院の『正倉院文書』によれば、この年に宇佐の八幡神宮から東大寺に建立費が送られている。

それに対して、朝廷は安倍虫麻呂《あべのむしまろ》を遣わして奉幣《ほうへい》（天皇の命で神社等に幣帛を奉献すること）を行っている。さらに天平18年から19年にかけて聖武天皇が病に陥ったときには、その平癒を祈願するために、朝廷は八幡神を三位に叙し、封戸４００戸、年分度者50人、水田20町を施入《せにゅう》している。

大仏は天平勝宝元（７４９）年10月に鋳造が終わり、11月1日には、八幡神に仕える八幡大《はちまんおお》神禰宜《かみねぎ》外従五位下《がいじゅごいげ》大神杜女《おおみわのもりめ》と主神司《しゅしんし》従八位下《じゅはちいげ》大神田麻呂《おおがのたまろ》という二人の人物に大神朝臣《おおみわのあそん》の姓が与えられた。そして、12月18日に八幡神は平群郡《へぐりのこおり》（大和国、現在の奈良県にあった郡）に迎えられ、そこに梨原宮《なしはらのみや》という神宮が作られた。これが後の手向山八幡宮である。

同月25日には、八幡大神禰宜大神杜女は、孝謙《こうけん》天皇、聖武太上天皇《しょうむだいじょう》などとともに東大寺の大仏を礼拝している。大神杜女は、八幡神の「よりまし」（心霊のよりつく者）つまり、シャーマンであったと考えられる。そして、梨原宮では、僧侶を40人招いて悔過《けか》法要を営んでいる。悔過法要とは、自らの罪を懺悔して仏に許しを請うための仏教儀礼である。

八幡神を祀るための神宮で、神道の儀礼ではなく、仏教の儀礼が行われたことは、今日の感覚からすれば、奇妙に思えるかもしれない。しかし、本書で、これからくり返し言及することになるが、明治以前の時代においては、神道と仏教が融合した「神仏習合」が基本的なあり方であり、神に対して読経が行われても何の不思議もなかったのである（その点については、拙著『神も仏も大好きな日本人』〈ちくま新書〉を参照していただきたい）。

その際に八幡神は、「神である自分が天の神や地の神を率いて、必ずこの大仏建立という事業を完成に導きたい。建立に使われる銅を扱いやすい水に変え、作業に使われる草や木や土に自分のからだを混ぜ込んで、あらゆる障害を取り除こう」という託宣（神のお告げ）を下したとされる。

聖武天皇が発願《ほつがん》した東大寺における大仏の建立は、国家の総力を上げて行われた大事業であった。八幡神が上京して3年後の天平勝宝4年には、大仏の開眼《かいげん》供養が盛大に営まれている。八幡神は、この国家の大事業を支える上で大きな役割を果たし、それを通して、神々のなかでも、もっとも重要な存在にのぼりつめていく。しかも、八幡神が歴史の舞台に登場し、それだけの出世を遂げるまでには、さほど時間がかかっていない。これは驚くべきことであり、日本の宗教史における一つの事件である。

さらなる八幡神をめぐる大事件！ 称徳天皇の道鏡スキャンダル

さらに、八幡神をめぐって重大な事件が起こる。それは、法相宗《ほっそう》の僧侶であった道鏡《どうきょう》にまつわる事件である。

道鏡は、物部《もののべ》氏の一族である弓削《ゆげ》氏の出身であり、そこから弓削道鏡とも呼ばれた。河内国《かわちのくに》（現在の大阪府東部）に生まれ、法相宗の高僧である義淵《ぎえん》の弟子となり、華厳《けごん》宗の僧侶で東大寺開山《かいざん》（創始者）となった良弁《りょうべん》からは梵語（インドで使われたサンスクリット語のこと）を学んだ。

この道鏡と深い関係を結んだのが、女帝の孝謙天皇であった。孝謙天皇は聖武天皇と光明皇《こうみょう》后の子で、二人の間に男子が生まれなかったことから天皇に即位した。いったんは母親の看病のために淳仁《じゅんにん》天皇に位を譲り、病気療養中に道鏡の宿曜《すくよう》秘法（密教の占星術の一種）によって癒されたことから、道鏡を寵愛《ちょうあい》するようになったとされる。

そして、淳仁天皇を廃して、再び天皇の位に戻り、称徳《しょうとく》天皇となる。道鏡に対しては、太政大臣禅師《ぜんし》に任じた。天平神護《じんご》2（766）年には、道鏡は法王（法皇）の位を授けられている。歴史上この位を与えられたのは道鏡だけだが、彼はこれによって俗界と僧界双方の頂点にのぼりつめたことになる。

出家した僧侶が太政大臣になること自体が異例のことだが、神護景雲《しんごけいうん》3（769）年5月には、宇佐の八幡神から道鏡を皇位に就《つ》けるよう託宣が下ったという知らせが朝廷にもたらされる。

称徳天皇は、夢のなかで八幡神の使いから、その真偽をたしかめるために、出家して法均《ほうきん》と号していた女官の和気広虫《わけのひろむし》を勅使として遣わすようにという託宣を下される。ただし、法均が病弱で長旅に耐えないことから、その弟の和気清麻呂《きよまろ》が宇佐に遣わされる。

ところが、9月に宇佐から戻ってきた清麻呂は、まったく正反対の内容の託宣を持ち帰った。これまで我が国では君主と臣下は厳格に区別されており、臣下が君主となった例はないので、皇統につらなる人間を皇位に就けるべきだというのである。これは、皇統と無縁な道鏡が皇位に就くことを妨げるものだった。

この託宣を聞いた称徳天皇は、道鏡を皇位に就けようとしていたので、激怒し、清麻呂と姉の法均を流罪に処す。しかし翌年に称徳天皇は亡くなってしまったため、道鏡は下野国《しもつけのくに》薬師寺に左遷、あるいは流罪に処せられたというのである。

これが、今日では「宇佐八幡宮神託事件」と呼ばれるものだが、称徳天皇と道鏡とがいかなる関係にあり、道鏡を皇位に就ける計画が本当に進行していたのかどうかははっきりしていない。宇佐八幡宮内部での抗争が影響していたという説もある。

ただし、ここで重要なことは、宇佐の八幡神には、皇位を左右するような託宣の力が備わっていると認められていたことである。託宣という行為は、大仏建立に協力した際にも見られた。八幡神は、託宣を通して、当時の日本社会に絶大な影響を与え、瞬く間にその地位を高めていったのである。

これは、どの宗教文化においても言えることだが、神が託宣を下すという場合には、その託宣を伝えるよりましの存在が不可欠である。いわゆるシャーマンである。よりましになるのは女性が多く、法均が託宣を得るために指名されたのも、女性ゆえのことだったであろう。大仏を拝んだ大神杜女も女性で、八幡神のよりましである彼女が拝することで、八幡神自身が大仏に拝礼をしたと考えられたのである。

このことは、八幡神という存在が、いったいどうやって生まれたのかという問題にかかわってくる。シャーマンを核としたシャーマニズムの信仰は、シベリアから朝鮮半島に広まっていた。古代の日本は、その朝鮮半島からさまざまな文化を取り入れてきたのである。

八幡は外来、韓国の神だった！

歴史の舞台に突然あらわれ、瞬く間に皇位を左右するまでの力を発揮するようになった八幡という神は、いったいどこから生まれてきたのだろうか。すでに述べたように、八幡神は、『古事記』にも『日本書紀』にも登場しない。

その問題を考える前に、宇佐八幡宮関係の資料のことについてふれておきたい。

この本のなかで取り上げる神々という存在は神道の領域に属しているわけだが、神道の世界について述べている資料となると、仏教に比較すれば圧倒的に少ない。それは、神道という宗教の性格によるところが大きく、とくに時代を遡《さかのぼ》れば遡るほど、信仰の実態を伝えてくれる資料に乏しいのである。

宇佐の八幡神にかんして、一般によく用いられる資料としては、『宇佐八幡宮弥勒寺建立縁《みろくじこんりゅうえん》起《ぎ》』と、『八幡宇佐宮託宣集』がある。前者は、『建立縁起《こんりゅうえんぎ》』あるいは『承和縁起《じょうわえんぎ》』と略され、後者は『託宣集』と略される。

前者が『承和縁起』と称されるのは、末尾に承和11年6月17日の日付が記されているからである。承和11年は、西暦では８４４年にあたる。書名からすると、宇佐八幡宮の神宮寺である弥勒寺の由来について述べたもののように思えるが、弥勒寺と八幡宮は一体の関係にあり、この資料は宇佐八幡宮の縁起と言ってもいい性格をもっている。

承和11年の文書そのものは伝わっておらず、15世紀末に宇佐八幡宮から勧請されて生まれた京都の石清水八幡宮の護国寺の検校《けんぎょう》法印《ほういん》大和尚位《だいかしょうい》准《じゅん》法務《ほうむ》僧正《そうじょう》奏清《そうせい》という僧侶によって書写されたものが伝わっている。

その点で、『承和縁起』の成立年代が問題になるが、承和11年をかなり下るのではないかと考えられている。ただ、歴史学者・逵《つじ》日《ひ》出《で》典《のり》は、平安初期までには存在していたと述べている（『八幡神と神仏習合』講談社現代新書）。

もう一つの『託宣集』は、さらに時代が下り、鎌倉時代末期に成立したものである。著者は、弥勒寺の学僧であった神吽《しんうん》という人物で、正応《しょうおう》３（１２９０）年に書きはじめ、正和２（１３１３）年に書き終えられている。前後には後の時代の人間による追補があり、16巻本として伝わっている。

『託宣集』は、宇佐八幡宮にかんする旧記や古伝を集めたもので、多くの言い伝えが含まれているが、果たしてそこに記されたことがどの程度、事実を踏まえたものかはたしかでない。それを用いる場合には、ほかの資料と照合する必要があり、少なくともその記述をそのまま歴史上の事実として認めるわけにはいかない。

宇佐八幡宮の成立と歴史について、必ずしもはっきりとしたことが分かっているわけではない。そのため、八幡信仰にかんする解説書では、『承和縁起』や『託宣集』の記述をそのまま採用してしまっているものがあるが、疑わしい部分があることは否定できないのである。

その点で、八幡神の資料についていは、注意して扱っていかなければならないのだが、『託宣集』には、八幡神の起源にかんして、「辛国《からくに》の城に、始めて八流の幡《はた》と天降って、吾《われ》は日本の神と成れり」という一文が出てくる。辛国は韓国のことであり、辛国の城とは朝鮮半島からの渡来人が生活するようになった地域のことをさすと考えられる。そこに八幡神が天降り、日本の神となったというのである。ということは、八幡神は日本に固有の神ではなく、外来の神、韓国の神であったことを意味する。

新羅の神を祀った新羅明神が、三井寺の護法神になっていた

この記述を裏づける別の資料が存在している。それが、『豊前国風土記《ぶぜんのくにふどき》』の逸文《いつぶん》（かつては存在したが現在は存在していない文で引用などで伝わる）である。奈良時代の初期に各地の歴史や文物について記録した地誌が作られる。それが「風土記」と呼ばれるものだが、現在の福岡県東部と大分県北部をあわせた豊前の国については、風土記自体は残っていないものの、その一部がほかの文書に引用されている。それが、『豊前国風土記』逸文である。

そのなかに、「昔者、新羅の国の神、自ら度り到来りてこの川原に住みき、すなわち名を鹿春の神といひき」という記述が出てくる。現在の福岡県田川郡香春町《かわらまち》には香春岳があり、その

麓には香春神社が祀られている。ここは宇佐からはかなり西にあたるが、逵日出典は、新羅の国の神を祀っていた渡来人の集団が東へと移っていき、宇佐の地域で八幡神を祀るようになったのではないかと推測している。

一時は、弥生時代に大量の渡来人が日本に移り住むようになり、それで稲作がもたらされたという説が流布していた。しかし最近では、稲作は縄文時代からすでに行われていたことが明らかになり、渡来人が縄文人を圧倒して弥生時代が誕生したという説は信憑性を失っている。

しかし、九州北部は朝鮮半島に近く、かなりの数の渡来人が定住するようになり、その文化的な影響を被ったことは否定できない。日本にやってきた渡来人が、自分たちの信仰する神を捨て去ることなく、日本でもそれを祀るようになったことは十分に考えられる。

となると、八幡神はもともとは新羅の神であった可能性が高くなってくる。八幡神が、記紀神話に登場しないことも、その点から説明できる。日本に固有の神ではないがゆえに、日本の神話にはまったく出てこないのである。

これは、後の時代のことになるが、やはり新羅の神を祀った例がある。それが新羅明神《しんらみようじん》と呼ばれる神で、三井寺《みいでら》とも呼ばれる園城寺《おんじようじ》を守護する護法神《ごほうしん》になっている。園城寺は、寺門とも呼ばれ、山門である比叡山延暦寺と対立した天台宗寺門派の総本山である。

園城寺は、天台宗の第4代座主《ざす》（宗派の最高職）となる智証大師《ちしようだいし》・円珍《えんちん》が再興したものだが、新羅明神は、円珍が唐に留学して帰国する際に、船のなかにあらわれ、さらに帰国後に円珍が園城寺に入るのを助けたとされる。

新羅明神は、現在、園城寺の境内から北に500メートルほど行った新羅《しんら》善神堂《ぜんしんどう》に祀られている。その像は、三つの山を模した三山冠《さんざんかん》をかぶり、皺が深く長い顎髭《あごひげ》を蓄えている上に、異様に目が垂れている。一目で日本の神ではないと感じさせる異相の神、異形の神である。

円珍よりも前に唐に渡ったのが天台宗の第3代座主となった慈覚大師《じかくだいし》・円仁《えんにん》である。その円仁が唐における天台宗の総本山である天台山で祈願を行っていた際に赤山明神《せきざんみょうじん》（延命・富貴《ふうき》を司る中国の神）があらわれたという伝承がある。その赤山明神を祀ったところが、京都の修学《しゅがく》院離宮《いんりきゅう》の北西にある赤山禅院である。

この赤山明神は、もともとは道教の神、泰山府君《たいざんふくん》と同一の神であるとされる。ただし、この神が円仁の前にあらわれたという話は、新羅明神に対抗するために、山門派で唱えられるようになったと考えられる。ほかに、比叡山の常行三昧堂《じょうぎょうざんまいどう》では、その背後の入口である後戸《うしろど》の神として摩多羅神《まだらじん》が祀られている。これも円仁が帰国する船のなかにあらわれたとされるが、この話は新羅明神の場合と酷似していて、後から作られたものと考えられる。

そのいきさつはともかく、外来の神がつぎつぎと祀られていったということは、そうした神の力に頼ろうとする傾向が平安時代においても続いていたことを意味する。むしろ、外来の神であるからこそ、その霊力に期待が集まったのかもしれない。それは、八幡神の場合にも共通していたのではないだろうか。

くり返された遷座と2つの伝承

鎌倉時代末期に成立した『託宣集』においては、欽明《きんめい》天皇32（571）年、宇佐郡の宇豆高《うずたか》島《しま》で、神官となる大神氏の祖である大神比義《おおがのひぎ》の前に3歳の童子として八幡神があらわれ、先に紹介したように「辛国の城に……」という託宣を下したとされている。さらに、7世紀の天智天皇の時代に現在の宇佐八幡宮の少し西にある鷹居《たかい》というところに移り、さらに現在地の小椋《おぐら》山《やま》に移ったと述べられている。

『託宣集』よりも古い『承和縁起』の方では、系統が異なっていると考えられる二つの伝承が記録されている。

一つの伝承では、八幡神は応神天皇の霊であるとされ、欽明天皇の時代に豊前国宇佐郡の馬《ま》城《き》嶺《みね》に出現し、これを大神比義が戊子《つちのえね》年に鷹居社を建てて自ら祀ったとされている。その後、小椋山に移されたというのだ。

この伝承が、後に『託宣集』で採用された形になるが、一つ注目されるのは八幡神が出現した馬城嶺という場所である。これは、「おもとやま」とも読まれ、現在の宇佐八幡宮の南南東にある御許山《おもとやま》のことをさしている。

この御許山の頂上には三つの巨大な石があり、それは古代において祭祀が行われた磐座《いわくら》（信仰の対象となる岩のこと）と考えられるが、頂上付近は現在でも禁足地とされていて立ち入ることができない。そして、御許山の麓には大元《おおもと》神社が鎮座しているが、それは拝殿はあっても本殿がない神社である。これは、御許山自体、あるいは山頂の三つの巨石が御神体になっていることを意味する。

この点で、御許山は山そのものが「神体山」であるということになる。同じ形式をとっているのが、奈良の大神神社である。大神神社には、現在でも拝殿はあるが本殿はない。これは、神社のもっとも古い形式と考えられており、大元神社もそれと共通している。それが八幡神の信仰へと発展したのだから、八幡信仰には古代的なものが含まれていることになる。

『承和縁起』に載せられた別の伝承では、欽明天皇の時代に宇佐郡辛国宇豆高島に天降った八幡神は、大和国《やまとのくに》膽吹嶺《いぶき》に移り、さらには紀伊国《きいのくに》名草海嶋、吉備《きびの》宮神島を経て、馬城嶺にあらわれたとされている。

さらに、現在地の小椋山に鎮座するまでに、現在の乙咩《おとめ》社、泉社、瀬社を経て、鷹居社、小《お》山田《やまだ》社へと移っていったとされる。神を別の場所に移すことを遷座というが、たんに遷座をくり返しただけではなく、鷹居社の時代には、そのこころが荒れて、5人のうちなら3人を殺し、

10人のうちなら5人を殺すほどだったとされる。つまり多くの人が神によって殺されたということだろう。八幡神は荒ぶる神であり、そのこころが和らいでから、ようやく社殿を建てて奉《ほう》斎《さい》（神を祀ること）がかなうようになったというのだ。

「弥勒の化身」とも言われた重要人物、法蓮とは何者か？

いったんあらわれた神が遷座をくり返していく例は、後の章で述べるように、伊勢の神の場合にも見られる。そこにどういった歴史的な出来事が反映されているのだろうか。八幡神を祀る渡来人と土着の人間との戦いの痕跡としてとらえることもできるが、はっきりとした資料がない以上、そうであったと断言はできない。

ただ、後の八幡神の展開を考えると、荒ぶる神という側面は興味深い。というのも、八幡神は武士を守る「武神《ぶしん》」としての性格をもっていくからである。

それはともかく、八幡神の起源は新羅の神というところにあり、宇佐周辺の地域に住むようになった渡来人によって最初は祀られていた。それが、大仏建立にかかわり、中央に進出していくことになるのだが、「弥勒《みろく》信仰」がかかわっていた可能性がある。

そこには、法蓮《ほうれん》という僧侶の関与があった。法蓮は、『続日本紀』にも2度登場しており、これは当時において重要な人物であったことを意味している。しかも、どちらもその功績を褒めた記事なのである。

　最初は大宝3（703）年9月25日条に登場する。法蓮の「毉《い》」術を褒めて、豊前国の野40町を施したというのである。ここで言われる毉とは、神に仕えて吉凶を占う人物である巫覡《ふげき》が祈禱によって病を治すことを意味する。巫覡のうち、巫は女性で、覡は男性である。法蓮には、そうした特殊な能力があったことになる。

　さらに2度目の養老5（721）年6月3日条では、元正天皇の詔によって、法蓮の三等の親族に宇佐君の姓を与えたとされている。法蓮は悟りに達していて、その行動は仏法にかなっているばかりでなく、毉術に通じ、人々を救済しているというのが、その理由だった。

　この法蓮についての伝承を載せたものに『彦山流記《ひこさんりゅうき》』がある。彦山とは、第10章でもふれるが、今で言う英彦山《ひこさん》のことで、現在の福岡県田川郡と大分県中津市にまたがる1200メートルほどの山のことである。彦山は修験《しゅげん》の山である。

『彦山流記』には、建保《けんぽう》元（1213）年の奥書があり、それ以前の伝承を集めたものと考えられる。それによれば、彦山の般若窟《はんにゃくつ》で修行を行った法蓮は、その結果、宝珠《ほうじゅ》を得るが、白髪の翁にそれを奪われそうになり、争いになる。

　実はその翁は八幡神で、宝珠を得て、鎮守《ちんじゅ》（地域の守り神）となり、日本国を守りたいと言い出す。さらには、弥勒菩薩が世にあらわれるのをたすけるために弥勒寺という神宮寺を建てて、法蓮をその別当《べっとう》（官司の長官）にしたいとも言うのだった。そこで法蓮は、宝珠を宇佐神宮におさめることになるが、彼は「弥勒の化身」ともされていた。

弥勒菩薩は、釈迦の未来仏《みらいぶつ》で、釈迦の入滅後、56億7000万年後に地上に下って（これを「下生《げしょう》」と言う）、釈迦によっては救われなかった人々を救うと考えられ、その下生が一刻も早くかなうことを願うのが弥勒信仰である。この弥勒信仰は、仏教が日本に渡来した初期の段階において、とくに盛んだった。

『承和縁起』や『託宣集』によれば、神亀《じんき》2（725）年に八幡神が小椋山に遷座し、山上に社殿が建てられた際に、その境内の外、東南東に弥勒禅院《みろくぜんいん》が、東南には薬師勝恩寺《やくししょうおんじ》が建立された。弥勒禅院が、法蓮が別当となる弥勒寺と考えられるが、天平10（738）年には二つの寺が統合されて八幡神宮弥勒寺が成立する。

伝承だけでは、その実在が問われるが、神仏分離で廃寺になるまで弥勒寺があったことは間違いなく、弥勒寺跡の発掘調査も行われている。それによって弥勒寺は、南大門、中門、金堂、講堂が南北の線上に並び、金堂の手前に2基の三重塔がある薬師寺式伽藍《がらん》配置の立派な寺院だったことが明らかになった。

新羅との問題が生じて、宇佐八幡宮に幣帛が奉られたのは、弥勒寺に統合される前年のことである。また、その3年後に冠や『法華経』などがおさめられた際には、三重塔1基が寄進されている。

伊勢神宮に次ぐ国家第2の宗廟である石清水八幡宮

このように、宇佐八幡宮の発展は、神宮寺としての弥勒寺の発展と併行した現象であり、それが、大仏建立の際に高天原にいる天津神《あまつかみ》と、地上に降った国津神《くにつかみ》を合わせた天神地祇《てんじんちぎ》をすべて率いていくだけの神にまでその地位を上げたことと関連していたものと思われる。

八幡信仰研究の権威である中野幡能《なかのはたよし》は、八幡神の本体が応神天皇であり、なおかつ弥勒菩薩であると宣言されたことで、神功皇后の子である応神天皇が弥勒菩薩として下生したという信仰が、八幡神の地位の上昇に貢献したと述べている。それによって、八幡神は、地域の神、宇佐氏の氏神という制約を脱し、より普遍的な存在に変貌していったのだ。

八幡神のその後の展開ということを考える上でも、応神天皇と習合したことは極めて重要な意味をもった。それによって、すでに述べたように、八幡神は皇祖神に祀り上げられた。それは、八幡神が朝廷による崇敬の対象となったことを意味する。

実際、朝廷はくり返し宇佐八幡宮に対して奉幣を行っている。それは、天皇が即位したときと、国家に大事が起こったときである。9世紀の終わりからは、たとえ国家の大事が起こらなくても、3年に1度奉幣が行われ、朝廷は宇佐八幡宮に神宝や装束、調度品を奉っている。さらには、臨時の奉幣も行われたが、いずれの奉幣も鎌倉時代中期までしか続かなかった。

　それも、現在の京都府八幡《やわた》市に石清水八幡宮が創建され、そちらに対する信仰が高まっていったからである。石清水八幡宮の当初の名称は男山《おとこやま》八幡宮であった。八幡市という市名も、石清水八幡宮の門前町から発展したことによる。

　これは、八幡神に限られないことだが、それぞれの神社に祀られた祭神は分霊され、ほかの神社に勧請されることで、同じ神が別々の場所で祀られるようになっていく。石清水八幡宮の祭神も、宇佐八幡宮から勧請されたもので、そこには八幡大神（八幡三所大神《はちまんさんじょおおかみ》）として、誉田《ほんだ》別命《わけのみこと》（応神天皇の本名）、比咩大神《ひめのおおかみ》（宗像《むなかた》三女神を意味する）、そして息長帯比賣命《おきながたらしひめのみこと》（応神天皇の母、神功皇后の本名）が祀られている。比咩大神とは、一般に主たる祭神の妻あるいは娘を意味するが、この場合には応神天皇の妻ということである。

　石清水八幡宮は、平安京の南西に位置している。南西は裏鬼門と呼ばれ、北東の鬼門と対照的な関係にある。平安京の鬼門には比叡山延暦寺が位置しており、この両者は、京の都を守護する役割を担うことになった。

　石清水に八幡神が勧請されたのは貞観元（８５９）年のことで、当初から「皇大神」や「太祖」と呼ばれていた。そして、天元２（９７９）年からは天皇の石清水行幸も行われるようになり、石清水八幡宮は伊勢神宮に次ぐ「国家第二の宗廟《そうびょう》」と呼ばれるようになっていく。

さらに、源氏が八幡神を氏神としたことで、その信仰は広がりを見せていく。河内源氏の2代目となった源頼義《みなもとのよりよし》は、奥州《おうしゅう》における前九年の役に勝利して凱旋した折に、河内（現在の大阪府羽曳野市）に石清水八幡宮を勧請して、壺井八幡宮を建立した。さらに頼義は、河内源氏の東国への進出のために、鎌倉の由井郷鶴岡《ゆいごうつるおか》（現在の材木座）にも石清水八幡宮を勧請して、鶴岡若宮《わかみや》を建立した。そして、源頼朝《よりとも》が鎌倉に幕府を開いた際に、鶴岡若宮は由井から現在地に移され、鶴岡八幡宮となった。

頼朝は、石清水八幡宮に対しても崇敬を続ける。源氏の後に将軍家となる足利氏や徳川氏も、八幡神を氏神としたことで、それは武神、あるいは弓矢の神、必勝の神として武士の崇敬を集めていく。

神道の神であるばかりでなく、仏教の菩薩としての役割も担う

もう一つ、八幡神を祀る神社として重要な存在となったのが、福岡博多の箱崎にある筥崎宮である。筥崎宮という呼称からは八幡神を思い起こさないが、別名を筥崎八幡宮と言い、宇佐や石清水と並んで日本三大八幡宮と言われている。

筥崎宮は、宇佐や石清水から勧請されたものではなく、八幡神が直接託宣を下したことで造立された。それは延喜《えんぎ》21（921）年のことである。箱崎に八幡神が祀られるようになったの

は、海外からの侵略を防ぐためで、蒙古が来襲した元寇の折には、亀山上皇が祈願を行い、その際に筥崎宮の神門には「敵國降伏」と記した扁額が掲げられた。現在掲げられているものは、江戸時代に筑前《ちくぜん》領主だった小早川隆景《こばやかわたかかげ》が写したものである。

もう一つ、八幡神の信仰が広がる上で大きな意味をもったのが、仏教との密接な関係だった。すでに見たように、宇佐八幡宮には神宮寺として弥勒寺が作られたし、東大寺の大仏建立においても重要な貢献を果たした。大仏建立のために上京した八幡神は、そのまま手向山八幡宮に祀られることになり、東大寺の守護神としての役割を果たすようになる。

さらに、東大寺が全国の国分寺の中心をなす「総国分寺」と位置づけられたことによって、各国の国分寺にも八幡神が勧請されている。

空海が賜《たまわ》った京都の東寺にも八幡神が勧請され、現在でも境内のなかに鎮守八幡宮として鎮座している。神仏分離を経てもこうした形態が保たれている事例は貴重だが、空海には、唐に渡るときに八幡神に祈願したといった伝説が残されている。有力な寺院に守護神として祀られた八幡神には、ほかに大安寺、薬師寺、勧修寺、神護寺などの場合がある。

こうした流れのなかでのことになるが、『承和縁起』などによると、天応元（781）年に、八幡神は「護国霊験威力神通大菩薩《ごごくれいげんいりょくじんつうだいぼさつ》」の号を奉り、延暦2（783）年には、託宣によって「護国霊験威力神通大自在王菩薩《だいじざいおう》」と称するようになったとされている。

実際、この後、8世紀末から9世紀はじめの太政官符といった公文書には、「八幡大菩薩」の呼称が記載されている。菩薩と言えば、観音菩薩や弥勒菩薩など、悟りを目指して修行を続けている仏のことをさす。八幡神は、神道の神であるだけではなく、同時に仏教の菩薩としての役割を担うようになった。これは、ほかの神には見られない八幡神の大きな特徴である。

日本神道の軸となる独立性の強い一神教的神

こうした八幡神の仏教との密接な結びつきを象徴するものが、「僧形八幡神《そうぎょうはちまんしん》」である。これは、僧侶の姿をとった八幡神を神像として描き出したもので、もっとも古いものの一つが薬師寺の南隣にある休ケ岡《やすがおか》八幡宮の御神体である。そこにはほかに神功皇后像と仲津姫像があり、どれも平安時代初期のものとされている。

僧形八幡神は、剃髪《ていはつ》し、袈裟《けさ》をかけて、錫杖《しゃくじょう》を携えている。ほかに東寺の鎮守八幡宮や東大寺にも祀られている。東寺のものはやはり平安時代初期と古いが、東大寺のものは鎌倉時代の快慶《かいけい》一派の作品とされる。これは現在、東大寺の勧進所八幡殿《かんじんしょはちまんでん》に祀られている。本来は手向山八幡宮の御神体であったが、神仏分離の際に東大寺に移された。神仏分離は、神社から仏教関係のものを一掃する試みだったが、神であるはずの僧形八幡神は、仏教寺院に鎮座する形になってしまったのである。

なぜ僧形八幡神が誕生したのだろうか。

その原因を示唆しているのが、三重県桑名の多度大社の神宮寺であった多度神宮寺に伝わる『多度《たど》神宮寺《じんぐうじ》伽《が》藍《らん》縁起《えんぎ》幷《ならびに》資材帳《しざいちょう》』の記載である。

多度神宮寺を創建したのは満願《まんがん》という僧侶だが、彼は天平宝字《てんぴょうほうじ》7（763）年に多度の神から、「重い罪業を行ってきたため、報いとして神の身となってしまっている。永久に神の身を離れるために、仏法に帰依したい」という託宣を下され、それで多度大菩薩という神像を造立した。この神像は現存しないが、僧形八幡神は、八幡神が神の身を脱するために修行している姿を描いたものなのである。

神道と仏教とを別の宗教として考えるならば、こうした発想は奇異なものに思えてくる。しかし、神仏習合の時代においては、人と神との距離は小さく、人が成仏を目指して仏道修行するように、神もまたその境遇を脱して仏になるために修行を行うものと考えられていた。八幡神は、八幡大菩薩とも呼ばれたように、その傾向が強く、そこから僧形八幡神が生み出されたのである。

八幡神は八幡大菩薩となることによって、神道の神であると同時に仏教の仏としての地位を得ることとなった。それは、近世まで続く神仏習合の時代の象徴的な存在であり、その分、日本人全体の信仰を集めることとなった。

八幡神は、本来は記紀神話にも登場しない異国の神でありながら、応神天皇と習合することで皇祖神としての地位を確保し、朝廷の信仰を集めただけではなく、武神として朝廷を補佐した武家の信仰をも集めることとなった。

最終的には、庶民層にも八幡信仰は広がり、各地で一般の民衆が八幡神を勧請して、地域の氏神として祀ることに発展していく。八幡神を祀る神社がもっとも多いのは、そうした歴史を経てきたからである。

このように見てくると、神道の世界のなかに、八幡信仰という相当に独立性の強い信仰世界が存在していることが明らかになってくる。八幡だけをもっぱら信仰する人間や社会集団が存在するわけではないにしても、それは八幡神を唯一の神とする一神教として見ることさえできる。しかも、八幡神は比咩大神と神功皇后からなる三位一体の構造から成り立っており、そこでもキリスト教における神のあり方に近いのだ。

もし八幡信仰が存在しなかったとしたら、日本人の宗教世界は軸を失い、現在とはかなり異なるものになっていたかもしれない。そうした信仰はほかにはない。匹敵するのは皇祖神である伊勢の信仰だけかもしれない。それほど八幡信仰のもつ意味は大きいのである。

【この章の主な参考文献】

・逵日出典『八幡神と神仏習合』講談社現代新書
・中野幡能『八幡信仰』はなわ新書
・同『八幡信仰事典』戎光祥出版
・同『八幡信仰史の研究（増補版）』上下　吉川弘文館

第2章　天神

——菅原道真を祀った「受験の神様」の謎

3大神社の神と歌舞伎の3大名作

神社の数では、前の章で扱った八幡に次いで多いのが、伊勢信仰にかかわる神社である。しかし、記紀神話に登場する神々についてはまとめて後で扱うつもりなので、ここでは第3位に挙げられている天神信仰について述べていきたい。さらに次の章では、稲荷信仰を扱う。おそらく、日本全体で広く信仰を集めているという点では、八幡、天神、稲荷が真っ先に挙げられるのではないだろうか。

それと関連するが、この三つの信仰は、歌舞伎の三大名作に挙げられる『仮名手本忠臣蔵《かなでほんちゆうしんぐら》』、『菅原伝授手習鑑《すがわらでんじゆてならいかがみ》』、『義経千本桜《よしつねせんぼんざくら》』と関係する。三大名作は、いずれも竹田出雲《たけだいずも》、三好松洛《みよししようらく》、並木千柳《なみきせんりゆう》（宗輔《そうすけ》）による合作で、18世紀の半ばにはじめて上演されて以来、今日までくり返し上演されている。最初は人形浄瑠璃（文楽）として作られたものだが、ここでは歌舞伎作品として扱う。

このうち、八幡信仰が関係するのが『忠臣蔵』である。その冒頭にあたる大序は「鶴ヶ岡社前の場」と呼ばれる。この大序は、ゆっくりと幕が開くのが特徴で、登場人物はすでに舞台の上に居並んでいる。そして、名前を呼ばれると、人形が目を覚ますかのように役者が演じはじめる。そこには、もとが人形浄瑠璃だったことが示されている。

現実の赤穂浪士《あこうろうし》による討ち入りの出来事は江戸時代に起こった。しかし、当時は徳川幕府の意向で、同時代の事件として扱うことができず、時代を変えて演じなければならなかった。したがって、『仮名手本忠臣蔵』の舞台は鎌倉時代に設定されている。だからこそ、鎌倉幕府を開いた源氏の氏神となった鶴岡八幡宮の場面からはじまるのだ。

天神信仰が関係するのが『菅原伝授手習鑑』である。こちらは時代はそのままで、天神として祀られるようになる菅原道真の物語になっている。歌舞伎である以上、歴史上の事実をそのまま示したものではなく、その内容はほとんどがフィクションである。ただ、天神にまつわる伝説が巧みに取り入れられており、まさに天神信仰を背景とした物語になっている。

そして、次の章で扱う稲荷信仰にかかわるのが『義経千本桜』である。この物語の中心人物は源　義経《みなもとのよしつね》であるが、兄頼朝に疎まれ、各地を逃げ回っていくところが扱われる。義経と稲荷信仰とは本来結びつきをもたないはずだが、「鳥居前の場」は稲荷信仰の中心となる伏見稲荷の社前を舞台にしている。この場に登場する義経の忠臣、佐藤忠信《ただのぶ》は、狐が化けた者という設定になっている。そこから「狐忠信」と呼ばれるが、その後に演じられる「四の切《しのきり》」（「河連法眼館《かわつらほうげんやかた》の場」）の主人公でもある。狐は、言うまでもなく稲荷の使いである。

菅原道真という歴史上の人物そのものを神として祀った

『菅原伝授手習鑑』では、菅原道真の人生の歩みや伝説が折り込まれているだけに、天神信仰との関連も深い。歴史上の道真とライバル関係にあった藤原時平が登場するし（時平の名は「ときひら」と読まれるが、歌舞伎では「しへい」と呼ばれる）、梅王丸《うめおうまる》、松王丸《まつおうまる》、桜丸《さくらまる》の三つ子という設定は、道真にまつわる「飛梅伝説」がもとになっている。「寺子屋の場」が含まれるのも、死後の道真が書道の神として寺子屋に祀られるようになったことが関係している。その点で、『菅原伝授手習鑑』を見ていると、天神信仰については理解しやすいし、逆に、この信仰について知っていると、歌舞伎がより楽しめるはずである。

天神信仰にかかわる神社は、天満宮、天神社、北野神社などと呼ばれる。祭神は基本的に菅原道真公だけである。八幡信仰関係の神社のように、三つの神をあわせて祀っているわけではない。道真は、承和12（８４５）年に生まれ、延喜３（９０３）年に亡くなっており、平安時代前半の人物である。彼が歴史の舞台に登場したときには、『古事記』などはとっくに編纂されていた。したがって、天神は八幡神と同様に記紀神話にはまったく登場しない。

八幡神の場合にも、途中で応神天皇と習合しており、その点では人間を神に祀ったものと見ることもできる。それに対して、天神の場合には、雷神《らいじん》と習合した面はあるにしても、もとは菅原道真という歴史上の人物そのものを神として祀ったものである。

キリスト教やイスラム教のように、信仰の対象となる神が唯一絶対の創造神とされている宗教からすれば、人間を神として祀るということは考えられない。

ただ、キリスト教やイスラム教でも、あるいはその源流となったユダヤ教でも、その神は人格神としてとらえられ、人間のように性格や感情をもっている。そして、直接人に対して話しかけてくることもある。その点で、一神教の神にも人間的な側面は色濃い。

また、キリスト教でもイスラム教でも、「聖人崇拝」あるいは「聖者崇拝」というものがある。これは、殉教者や特別に信仰が篤い人間を死後に祀るもので、祀られた存在には奇蹟を起こすなど特別な力が備わっていると考えられ、人々の信仰の対象となってきた。キリスト教では、「聖フランシス」、「聖バレンタイン」などと呼ばれる。

人を神として祀る日本の慣習は、この聖人崇拝に近い。ただ、キリスト教やイスラム教の聖人は、基本的に一つの場所で祀られているが、天神の場合には、各地で祀られており、その広がりは大きい。しかも、天神信仰は、八幡信仰がそうであるように、独立した信仰世界を形成している。それも聖人崇拝には見られないことである。

道真をめぐる牛と梅の伝説

天神の使いとされているのが牛である。各地の天満宮を訪れると、境内に横たわった牛（臥《が》牛《ぎゅう》）の像を見かける。

なぜ牛が天神の使いになっているのだろうか。

それはまず、道真が生まれた日が丑の日で、亡くなった日も丑の日だったからである。さらに、次のような伝承がある。

道真が太宰府に左遷されたまま亡くなるが、墓を築いてそこに埋葬しようとして牛が引く車でそちらに向かった。ところが、途中でその牛が動かなくなった。横たわった牛は、そのときの様子を写したものである。どうしても牛が動かなかったために、近くの安楽寺《あんらくじ》に葬った。この安楽寺が今日の太宰府天満宮である。

これは、歴史的な根拠のない伝説だが、天神が後に「天満大自在天神《てんまんだいじざいてんじん》」として祀られるようになったことにその起源を求める説もある。大自在天というのは、もともとはヒンドゥー教のシヴァ神のことで、それが仏教に取り入れられた。自在天は3つの目と8本の腕をもつ三目八臂《さんもくはっぴ》の白牛に乗ったものとして描かれた。そこから牛との結びつきが生まれたと言うのである。

もう一つ、天神と密接な関係をもっているのが梅である。各地の天満宮は梅の名所ともなっている。その背景には「飛梅伝説」がある。

道真は、太宰府に左遷されるとき、紅梅殿《こうばいどの》と呼ばれる邸宅に植えてあった梅の木との別れを惜しんで、「東風《こち》吹かばにほひをこせよ梅花《うめのはな》　主なしとて春な忘るな（春な忘れそ）」という歌を詠んだ。すると、太宰府へ去った道真を慕って、その梅は一夜のうちに空を飛んでいったと言うのである。

これは合理的に考えれば、邸宅に生えていた梅を惜しんだ道真が、梅を太宰府に植え替えたか、種を植えたかしたことがもとになっているのではないかと推測される。ただ、天神と梅の結びつきは、室町時代の禅僧たちが広めたとも言われる。禅僧たちは、当時中国に渡るなどして、その文化に直接ふれていたが、中国の詩文の世界では梅が題材として愛好されていた。

天神が梅と結びついたことで、天満宮では社紋として「梅紋《うめもん》」が用いられるようになる。北野天満宮は「星梅鉢《ほしうめばち》」、太宰府天満宮は「梅花《ばいか》」、湯島天神は「梅鉢《うめばち》」である。さらに、道真の子孫と称している加賀の前田家では「加賀《かが》梅鉢《うめばち》」を家紋として用いるなど、天神信仰が広がった地域の公家や武家は梅紋を家紋とするようになっていく。

天神は人を神に祀ったものであるわけだが、一般にそうした場合、二つのケースが考えられる。一つは、その人間が生前に偉大な働きをし、それで死後にその遺徳《いとく》を顕彰《けんしょう》するために祀るケースである。

これに対して、もう一つのケースが、恨みをもって亡くなった人物が、死後に祟りを起こしたとき、あるいは起こしたと考えられたときと言った方が適切かもしれないが、その祟りを鎮めるために祀るケースである。

菅原道真は、右大臣兼右大将の位にまでのぼりつめた。右大臣は太政大臣、左大臣に継ぐものので、律令制の官位では第3位である。それが突如、太宰府に左遷され、そこで亡くなった。その無念さが、祟りを起こすことに結びついたとされたのである。

天神として祀られるまでの詳しい経緯は後に述べるが、最初に祀られたときには、祟り神、怨霊《おんりょう》神としてだった。つまり、恐ろしい神だったわけである。ところが、時間が経つにつれて、むしろ道真の生前の行いの方がクローズアップされるようになり、学問の神、書道の神、あるいは寺子屋の神として信仰されるようになっていく。あるいは、農業の神としても信仰されてきた。

梅だけではなく、桜や松の伝説もある

現代においても、天神、天満宮と言えば、受験の神である。最近では、受験の方法が多様化し、受験シーズンもはっきりしなくはなっているが、一般入試のピークは2月で、それは梅の季節と重なる。梅の香が匂う天満宮で合格祈願をすることは、季節の風物詩になっている。あるいは、天神が梅と結びつきをもたなかったとしたら、受験の神としてこれほどもてはやされなかったかもしれない。

歌舞伎の『菅原伝授手習鑑』について最初にふれたが、この作品は、怨霊神としての側面だ

けではなく、後世に発展した天神のイメージをすべて取り込んで成立したものである。

歌舞伎ではほとんど上演されないが、人形浄瑠璃では演じられるものに、「天拝山《てんぱいざん》の段」がある（なお人形浄瑠璃では、場ではなく段と呼ぶ）。これは、菅丞相《かんしょうじょう》として物語のなかに登場する道真が、配流された筑紫《ちくし》で時平の陰謀を聞き、怒りを爆発させて雷神となり、都に飛び去るという場面である。これは、歌舞伎で演じるよりも、人形浄瑠璃で演じるのにふさわしい場面である。

飛梅伝説についてはすでにふれたが、そのなかに、梅だけではなく、桜と松が登場する伝承がある。道真は、庭木のなかで、梅の木、桜の木、松の木をことさら愛していたが、道真が都を去ることが明らかになると、桜の木はその悲しみから葉を落とし、ついには枯れてしまった。

梅の木と松の木は、道真の後を追おうという気持ちが強く、空を飛んでいったが、松の木は途中で力が尽き、摂津国八部郡板宿《せっつのくにやたべのこおりいたやど》（現在の神戸市須磨区板宿町）近くに落ちてしまった。そこは、後世に「飛松岡《とびまつおか》」と呼ばれるようになる。無事に太宰府にたどり着いたのは梅の木だけだった。

『菅原伝授手習鑑』では、この伝説をもとにして、梅王丸、松王丸、桜丸の三つ子が主要な登場人物として造形された。桜丸は、菅丞相が流罪になる事件を引き起こした責任をとって切腹してしまう。それは、桜の木が枯れたという伝説をもとにしている。

そして、道真が書道の神とされたことから、書道の奥義を弟子の武部源蔵《たけべげんぞう》に伝える「筆法伝《ひっぽうでん》授《じゅ》の場」が作られた。さらには、寺子屋の神でもあるところから、「寺子屋の場」が生み出された。「寺子屋の場」は、くり返し上演される歌舞伎の人気演目である。

『菅原伝授手習鑑』には先行する作品として近松門左衛門《ちかまつもんざえもん》作の『天神記《てんじんき》』がある。そちらには天拝山の場面は出てくるが、三つ子も登場しないし、書道や寺子屋関係の話も出てこない。その点で、それを改作した竹田出雲らの作劇術は実に巧みであり、だからこそ『菅原伝授手習鑑』は今日にまで名作として受け継がれているわけである。

天神と寺子屋と通りゃんせ

天神と寺子屋との結びつきということでは、「通りゃんせ」の歌が思い起こされる。これは江戸時代にできた童歌《わらべうた》と言われるが、その歌詞は次のようになっている。

通りゃんせ通りゃんせ
ここはどこの細通じゃ
天神様の細道じゃ
ちっと通して下しゃんせ

御用のないもの通しゃせぬ
この子の七つのお祝いに
お札を納めに参ります
行きはよいよい帰りはこわい
こわいながらも
通りゃんせ通りゃんせ

なぜ行きはよくて、帰りは怖いのか。いろいろと想像させてくれる不思議な歌だが、天神信仰に関係するのが、「この子の七つのお祝いにお札を納めに参ります」の箇所である。

子どもが生まれると、宮参りをして、そこで氏子の一員となるというのが昔からの習俗だが、「七つまでは神のうち」ということばもあり、7歳が幼児から子どもへと成長する一つの節目になっていた。七五三の習俗も、そこから来るが、7歳になって改めて正式に氏子入りするという地域もあり、地域の子ども組に所属することとなった。若者組《わかものぐみ》や娘組《むすめぐみ》の前段階である。

そして、この7歳くらいの時期に寺子屋へ入門し、読み書きを習うようになる。寺子屋では、学問の神として天神を祀っていて、道真が生まれて亡くなった25日に、毎月「天神講」を営み、道真の姿を描いた天神像を掲げて、それを子どもたちが拝んだ。そのことが、「通りゃんせ」

の歌詞に反映されているわけである。

天神祭と鷽替え神事

天神講の「講」とは、神々を祀る神道に限られることではなく、もともとは仏教に発している。これからもそれぞれの神々に関連して出てくるので、ここで講について一言ふれておきたい。

講とは、もともとは仏典についての講義を行う僧侶の集まりを意味した。平安時代の9世紀に流行する「法華八講《ほっけはっこう》」がその代表である。そこでは、法華経の読誦《どくじゅ》やその内容の講義、問答が行われた。八講は、鳩摩羅什《くまらじゅう》訳の法華経が八巻に分かれていたことに由来する。

そこから講は、信仰行事の意味で使われるようになる。寺子屋での天神講は、その意味である。そして、その行事を営む集団もまた講と呼ばれるようになる。そうした講には、さまざまな形態があったが、地域の寺やお堂に祀られている本尊を信仰する観音講や地蔵講、あるいは、特定の寺社に参詣するための伊勢講や熊野講などがその代表である。さらには、今日の信用組合の原型ともなる、金を融通しあう頼母子講《たのもしこう》や無尽講《むじんこう》といった、もっぱら世俗的な性格をもつ集まりも講と呼ばれるようになっていく。

天神講が司る行事として名高いものが、北野天満宮と太宰府天満宮と並んで3大天神に数え上げられることも多い大阪天満宮の「天神祭」である。天神祭自体も、京都の祇園祭、東京の神田祭と並んで日本3大祭に数え上げられている。

大阪天満宮の創建は、北野天満宮の創建の2年後、天暦3（949）年のこととされる。その2年後の天暦5年に、天満宮の社殿の前の浜から神鉾《かみほこ》と呼ばれるものを流し、それが流れついたところに斎場を設けて神事を行い、その際に船で奉迎したのが、天神祭の核となる行事である「鉾流神事《ほこながししんじ》」と「船渡御《ふなとぎょ》」のはじまりとされる。

もちろん、天神祭がそれだけ歴史を遡るものだとは考えにくい。そもそも天神祭の内容は、祭神である道真とほとんど関係していない。中世の終わりから近世にかけて、大阪（当時は大坂）が商都として発展するなかで、町民の楽しみとして発展したものと考えられる。

大阪天満宮の祭事としてもう一つ注目されるのが、正月25日（宵宮《よみや》の24日にも）の初天神の際に行われる「鷽替え神事《うそかえしんじ》」である。これは、境内に集まった人々が、配られた「鷽鳥御守《うそどりおまもり》」を「替えましょう。替えましょう。嘘を誠に変えましょう」と言いながら、つぎつぎに交換していくものである。最後に札を開け、そこに記されていることに従って、木うそや土うそ、あるいは一つしかない金うそに替えてもらうものである。

この行事は、太宰府天満宮にはじまるもののようだが、太宰府では1月7日に行われる。ほかにも、東京の亀戸《かめいど》天神や福岡の水鏡《すいきょう》天満宮などで行われている。ただし、亀戸天神では、お札を交換する行事にはなっていない。また、福岡では住吉神社でも鷽替え神事が行われており、必ずしも天神には限定されない。

鷽は、スズメ目アトリ科に属し、雄の頬や喉が淡い桃色をしているところに特徴があり、それが鷽替え神事に登場する木彫りにも反映されている。鷽は道真の愛鳥とも言われる。天拝山で祈禱していたときに、蜂の大群に襲われ、それを鷽が助けたとも伝えられているが、これはもちろん伝説であり、根拠はない。鷽は嘘に通じ、道真が讒言《ざんげん》によって左遷されたことが関係するのであろう。

代々、学問に通じ出世していった菅原家

死後に天神として祀られるようになった菅原道真は歴史上に実在した人物である。八幡神と習合した応神天皇は、歴史上実在したことがたしかなもっとも古い天皇とも言われるが、3世紀から4世紀にかけての人物で、その生涯は不確かである。それに比べれば、道真は9世紀から10世紀の人物で、生涯の歩みはよく分かっている。

道真の生まれた菅原氏は学問の家として知られていた。菅原氏のもとは古代の豪族である土師氏《はじうじ》で、河内国で栄えていた。菅原氏がそこから分かれたのは8世紀の終わりのことで、開祖は菅原古人《すがわらのふるひと》とされる。古人は、遠江介《とおとうみのすけ》従五位下（遠江国の国司の次官）と位は低かったもの

の、遣唐使に従って唐に渡っている。学問に通じ、文章博士《もんじょうはかせ》（大学寮での漢文学や中国正史の教授）、大学頭《だいがくのかみ》（大学寮の長官）を歴任し、桓武天皇に儒教の教典を講義する侍読《じどく》をつとめた。

この先にも出てくるが、従五位下というのは、律令制における位階のことで、最上位が正一位《しょういち》で、以下、従一位《じゅういちい》、正二位、従二位と続く。五位以上が貴族にあたり、六位より下は地下人と呼ばれた。また三位になると最高幹部である公卿《くぎょう》となり、天皇の生活の場である清涼殿《せいりょうでん》への昇殿が許された。昇殿は五位以上で天皇の許可があれば可能であった。

この古人の四男が清公《きよきみ》で、父親と同様に文章博士から大学頭を歴任し、従三位にまで進んだ。官位では父親を超え、参議《さんぎ》東宮大夫《とうぐうだゆう》となり、公卿に列せられた。公卿は現在の大臣に相当する。

そして、父親と同じように、遣唐使判官として渡唐する。清公は、朝廷における儀式や衣服、あるいは名前のつけ方などを唐風に改めるのに貢献したとされる。こうした功績などによって、菅原氏は文章博士を独占するようになり、「菅原廊下」と呼ばれる門下生を抱えるようになる。家の廊下に学問を志す学生たちが集まったからである。

注目されるのは、晩年、清公が病で歩行が困難になり、牛車《ぎっしゃ》に乗って紫宸殿《ししんでん》に向かうことを許された点である。江戸時代の終わりから明治時代のはじめにかけて編纂された、皇族や臣下の肖像画の集成である『前賢故実《ぜんけんこじつ》』には、牛にまたがった清公の肖像画がおさめられている。このことと天満宮の牛の信仰はどのように関係するのか、注目されるところである。

清公には4人の男子があり、四男の是善《これよし》がとくに学問に優れていた。是善は、父親と同じように最終的には参議となって公卿に列せられ、従三位にまでのぼりつめる。一方では、越後介《えちごのすけ》からはじまって、弾正大弼《だんじょうだいひつ》（行政の監察や警察の役割を果たす職員の第二位）や刑部卿《ぎょうぶきょう》（司法の役を司る省の長官）を経て勘解由《かげゆ》長官（地方行政を監査する官庁の長官）などを兼職し、政治にもかかわった。是善の三男であった道真は、学問に深く通じるとともに、政治家としても出世をとげ、位の上で父親をはるかに凌駕していく。そこには、曾祖父からはじまる努力の積み重ねがあったわけである。

道真の異例とも言える大出世と突然の左遷

道真は、幼い頃から詩歌を詠んでおり、自ら左遷直前の絶頂期に編纂した『菅家文草《かんけぶんそう》』には、11歳のときに詠んだ詩や14歳のときの七言律詩などがおさめられている。その後は、家業である学問の世界で出世をとげていくが、それと併行して15歳で元服したときから、仏教の法会の際の願文や、朝廷に奉る文書である上表文を代作していた。第3代の天台座主である円仁の主著『顕揚大戒論』の序文を草したともされる。

貞観《じょうがん》13（871）年には、詔勅の案文を起草する小内記となる。外交文章も起草するようになり、貞観14年には来朝した渤海《ぼっかい》国使の応接にもあたっている。貞観19年には、式部少輔《しきぶのしょうゆう》（役人の人事面を司る官職の次官）と文章博士を兼任している。これで菅原氏からは4代続けて文章博士が生まれたことになる。

仁和《にんな》2（886）年には、讃岐守《さぬきのかみ》に任じられ、文章博士などから退き、任地の讃岐におもむいている。背景には朝廷内部での天皇の地位をめぐる争いがあったようだが、道真は仁和6年に讃岐守としての任期を満了し、京に戻る。翌年には蔵人頭《くろうどのとう》となり、新たに即位した宇多《うだ》天皇の近くに侍ることとなった。あわせて式部少輔にも復帰している。

道真に対する宇多天皇の信任は篤く、出世をとげていくとともに、道真の進言が重視され、現実の政治に生かされるようになっていく。寛平6（894）年には遣唐大使に任じられる。すでに述べたように、道真の曾祖父と祖父は遣唐大使に従って唐に渡っている。ところが道真は、唐の国が衰えており、往復の危険を考えると遣唐使を中止した方がよいと進言し、それが朝廷に受け入れられた。

翌年、道真は従三位となり権中納言に昇任している。律令制において、官僚のトップである太政官の次官が中納言で、権中納言はそれと同等だが、定員外の者をさす。ちなみに太政官の長官は上から太政大臣、左大臣、右大臣、内大臣となり、次官は大納言、中納言、参議となる。これで道真は父親を超えたことになり、以降、権大納言に任じられ、右大将（武官職の最高位である右近衛大将の略称）を兼ねる。さらには、正三位となって右大臣にまでのぼりつめる。

そして、昌泰《しょうたい》3（900）年には、『菅家文草』とともに、父の詩文集『菅相公集』と祖父の『菅家集』を天皇に献上している。さらに、年が明けると、従二位にまで進み、頂点を極めるが、突然、正月25日に太宰府の長官の代理である太宰権帥《だざいのごんのそち》に左遷されている。これは大臣を経験した者の左遷ポストともされている。

なぜ道真が突如、左遷されたか、はっきりとしたことが分かっているわけではない。長保《ちようほう》4（1002）年に成立したとされる『政事要略』では、道真が醍醐《だいご》天皇を廃して、娘婿である斉世《ときよ》親王を立てようとする陰謀に加担したからだとされる。醍醐天皇の日記である『醍醐天皇御記』にも、そうしたことをにおわせる記述がある。

その背景には、醍醐天皇と宇多上皇との対立や、道真の華々しい出世に対する嫉妬などがあった。『菅原伝授手習鑑』では、もっぱら藤原時平が悪役に仕立て上げられ、その陰謀で左遷されたことが強調されているが、現実はそれほど単純ではなかったであろう。

太宰府に左遷されてからの道真は、仏事と詩作の日々を送ったとされる。死の直前に、詩作をまとめて『菅家後集《かんけこうしゆう》』（＝『菅家後草』）を編み、それを、紀長谷雄《きのはせお》に送った。そして、病によって延喜3（903）年2月に亡くなっている。左遷から3年目のことだった。

道真は、異例とも言える出世を遂げ、高位高官を極めた。ところが、その頂点に達したときに突如として失脚した。その生涯は悲劇的なものである。しかも、実際にはそれほど重い罪ではなかった可能性がある。こうしたことは、道真が悲劇のヒーローとして祀り上げられることに結びついていくのである。

道真を陥れたとされる大悪人・時平の早世

歌舞伎の『菅原伝授手習鑑』では、菅原道真を陥れた張本人は藤原時平とされ、その姿は大悪人として描かれている。歌舞伎で頻繁に上演される「車引《くるまびき》」では、公家の悪役である「公家悪」として登場し、藍色の隈取りで、陰険で魁偉《かいい》な存在として描き出されている。しかも、時平は妖術を使い、彼に襲いかかる梅王丸と桜丸を退ける。

この『菅原伝授手習鑑』をもとにした歌舞伎の作品に『天満宮菜種御供《てんまんぐうなたねのごくう》』があるが、そこでは、終幕で悪人の本性をあらわした時平が7種類の笑い方をする。この笑いの部分だけを取り上げて「時平の七笑」として上演されることがあるが、「車引」でも、時平は不気味な笑い方をする。

こうした作品がくり返し上演されてきたために、大悪人としての時平のイメージが流布しているが、現実の時平は、摂政関白をつとめた藤原基経《もとつね》の子で、藤原氏のなかでももっとも栄えた藤原北家《ふじわらほっけ》（藤原四家の一つで不比等の次男・房前を祖とする）につらなる歴とした公家であり、公卿である。ただ、父が早く亡くなってしまったために、その間隙を突いて道真が台頭し、両者は対抗関係におかれるようになっていく。

道真が左遷された後、時平は権力を掌握し、はじめて荘園整理令を出すなど、政治の改革にも力を尽くした。しかし、延喜9（909）年に39歳の若さで亡くなってしまう。道真の死から6年後のことであった。

時平の死は、後に道真の怨霊の祟りによるものとされるようになるが、時平が亡くなった直後には、そうしたとらえ方はされなかった。

文献の上ではじめて道真の怨霊の話が出てくるのは、それから14年後、『日本紀略』の延喜23年3月21日条である。皇太子の保明《やすあきら》親王が21歳で亡くなったことについて、「菅帥の霊魂宿《しゅく》忿《ふん》」の仕業であるという噂が流れた。保明親王は、時平の妹穏子《やすこ》と醍醐天皇の間に生まれている。

この頃、京では「咳病《がいびょう》」などの病疫が流行しているという記事がいくつか見られ、『日本紀略』の同年1月27日条では、咳病流行のため紫宸殿で臨時の読経が行われたとされている。咳病とはインフルエンザのことで、その大流行によって皇太子は亡くなったものと思われる。

現在では、医学が発達し、病を特定し、その上で治療を施すことができるが、当時は、それができず、徒に不安が募っていった。4月11日には延長と改元され、4月20日に、醍醐天皇は道真をもとの右大臣に戻し、正二位を追贈（生前の功績に対して死後に位階を贈ること）するという詔を出すとともに、昌泰4年の左遷の詔を破棄している。

道真の数々の怨霊伝説

この処置が下されたことによって、道真の怨霊の存在が公に認められた。その後は、大規模な災厄が起こるたびに、それは道真の怨霊の仕業とされるようになっていく。

延長3(925)年には、春から天然痘が流行し、保明親王の第一子で、父親の死後皇太子となっていた慶頼王《よしより》が亡くなる。まだ5歳だった。

延長8(930)年6月26日には、政務がとりおこなわれていた宮中の清涼殿が落雷の被害を受けるという出来事が起こる。それまで、旱天《かんてん》が続き、諸卿が集まって、雨乞いの件について会議を行っていた。そのとき落雷があり、大納言の藤原清貫《ふじわらのきよつら》と右中弁内蔵頭の平希世《たいらのまれよ》が亡くなった。隣りの紫宸殿でも、3人が亡くなっている。

醍醐天皇はこの出来事に衝撃を受け、咳病で3カ月後に亡くなる。46歳であった。亡くなった藤原清貫は、道真が太宰府に左遷された際、時平から道真を監視するよう命じられた人物だった。これによって、道真が雷神を操っていると噂され、道真の霊と雷神とが習合することになったとされるが、それを伝える同時代の資料はない。

その後、藤原純友《ふじわらのすみとも》や平将門《たいらのまさかど》が叛乱を起こす。承平《じょうへい》・天慶《てんぎょう》の乱(938〜941年)である。

これも道真の怨霊と結びつけられたとされるが、資料的にははっきりとは裏づけられない。

ここで注目される資料が、平安時代の歴史書である『扶桑略記《ふそうりやくき》』〈寛治8〈1094〉年以降に成立とされる）に引用されている『道賢上人冥途記《どうけんしょうにんめいどき》』である。道賢は日蔵《にちぞう》とも言い、905年から985年の人物で、山岳修行者であった。

道賢は、天慶4（941）年8月、金峯山《きんぷせん》で修行を行っていた最中に倒れ、蔵王権現《ざおうごんげん》の導きによって太政威徳天《だいじょういとくてん》と呼ばれる魔王のところへ行く。威徳天は、自分は道真の霊であると言い、世の中で起こっている疫病や災厄は自分が引き起こしているものだと述べた。道賢は、地獄にも案内され、道真を死に追いやった醍醐天皇やその廷臣たちが地獄の業火《ごうか》に責め苛まれている光景を目撃する。

この『道賢上人冥途記』とは別に、内容に異同があり、記述が豊富な『日蔵夢記《にちぞうゆめのき》』というものがある。こちらは、天台宗の僧侶であった宗淵が編纂した『北野文叢《きたのぶんそう》』におさめられており、写本は嘉永《かえい》4（1851）年のものだが、原本は平安後期に成立したものと考えられる。

もう一つこの時期のことについて述べた伝承に、『菅家御伝記』におさめられた話がある。それは、道賢が魔王となった道真に会った翌年の天慶5（942）年7月のことで、京の右京七条二坊に住む多治比文子《たじひのあやこ》、あるいは奇子《あやこ》という人物に、道真の霊、天神からの託宣があり、自分が生きていた折にしばしば遊覧した北野の右近馬場に自分を祀れと言われた。ただし、文子は貧しいため、それがかなわず、自分の家に祠を祀っていた。

さらに、それから5年後の天暦元（947）年に、近江国比良宮《ひらみや》の禰宜神良種《みわのよしたね》の子である7歳の太郎丸《たろうまる》に、自分が祀られたいと思う場所に松を生じさせるという託宣が下る。すると、一夜にして千本の松が右近馬場に生えたため、文子と良種は、北野の朝日寺の僧、最珍とともに、その年の6月に北野に神殿を造立し、天満天神を祀ったというのである。

これが、北野天満宮の創建に結びつくわけだが、託宣によって創建された点については疑問がある。

というのも、北野には、道真が生まれる前の時代から天神社が祀られていたからである。

『続日本後紀』には、承和3（836）年2月に遣唐使のために北野に天神地祇を祀ったと記されている。また、元慶年間（877〜885年）には、時平の父親にあたる藤原基経が五穀《ごこく》豊穣《ほうじょう》を雷公《らいこう》（雷のこと）に祈願したとされる。さらに、醍醐天皇の子であった源高明《みなもとのたかあきら》が、有職故実について記した『西宮記《さいきゅうき》』の会裏書《えうらがき》の一つには、延喜4（904）年12月19日に、左衛《さえ》門督《もんのかみ》であった藤原某《ぼう》に雷公を北野に祀らせたとある。これは豊作を祈願してのことであった。

このときの天神社とは、現在、北野天満宮の社殿のすぐ東北にある地主社のこととされる。これは、天満宮創建よりも前から北野に祀られていた地主の神である。

となると、北野天満宮は、必ずしも菅原道真の霊を祀るものとして創建されたのではないかもしれない。道真の怨霊のことが噂されるようになったとき、すでに北野には天神が祀られており、それは雷公として信仰されていた。道真の霊が雷を操ったということで、この北野の天神、雷公と習合し、それで新たに道真の霊を祀るための社殿が建てられるようになった。そのように考えられるのである。

天徳3（959）年には、右大臣だった藤原師輔《ふじわらのもろすけ》が社殿屋舎《おくしゃ》を作り増すとともに、神宝を献上し、北野天満宮の基礎が固まった。師輔の父親は、時平の兄弟であった忠平であった。この忠平につらなる流れは、時平の系統が途絶えることで、繁栄を確保した。それが、時平の敵である道真に対する信仰に結びついたものと考えられる。

永延元（987）年には、はじめて北野天満宮で勅祭《ちょくさい》（天皇の使者が派遣された神社の祭り）が営まれ、「北野天満宮天神」の称が贈られた。そして、正暦4（993）年6月26日には、道真に対して正一位左大臣の位が追贈された。10月20日にはさらに太政大臣が追贈されている。これで道真は、死後にではあるものの、官位の最高位にのぼりつめたことになる。

墓所が神社へと発展した太宰府天満宮

一方、道真の遺骸が葬られた太宰府の安楽寺では、延喜5（905）年に祀廟が創建され、延喜19年には勅命によって社殿が建設された。一般に、新たな神社の創建は、勧請によって行われるが、北野と太宰府の天満宮の場合には、どちらかの祭神を分霊して創建されたものではない。京では、祟り神として祀られるようになり、太宰府では墓所が神社へと発展したのだった。

祟り神として祀られたということは、天神は恐ろしい神であることを意味する。しかし、時代を経るにつれて、天神は恵みをもたらす善神へと変貌をとげていく。

すでに、比良宮の太郎丸に下った託宣では、道真の霊が、自分のように思わぬ災いを被った人間を救うことを誓っている。ただこれは、後世に作られた話である可能性が高い。

平安時代後期の保元年間（1156〜1159年）に作られたと考えられる藤原清輔《ふじわらのきよすけ》の歌論集である『袋草紙《ふくろぞうし》（子）』には、大治《だいじ》2（1127）年に白河院の怒りをかった藤原顕輔《ふじわらのあきすけ》が、自分の無実を訴える歌を唐鏡《からかがみ》（中国の説話集）の裏に書いて北野に奉献したところ、罪を晴らすことができたという話が出てくる。

また、西行《さいぎょう》に仮託して鎌倉時代後期に作られた説話集の『撰集抄《せんじゆうしよう》』には、平安時代の漢詩人で、文章博士であった橘直幹《たちばなのなおもと》が、無実の罪で流されようとしたとき、北野に参籠《さんろう》（一定期間引き籠《こも》って神仏に祈ること）して罪を免れたという話が出てくる。

いずれも事柄の真偽は不明だが、こうした話が作られたということは、天神としての道真の霊が、冤罪《えんざい》に陥った人間を救う「雪冤《せつえん》の神」として信仰されるようになったことを意味する。

祟るといった悪を行うことができるということは、悪を統御できることを意味する。そのために、祟り神はやがて善なる神へと変貌をとげていくのだ。

中世において天神は、至誠の神、正義の神となり、さらには国家鎮護の神として信仰されるようになる。また、鎌倉時代になると、念仏往生を守護する神としても信仰されるようになる。生前の道真が学問の人であったことから、「学神」としての信仰も生まれる。むしろ、こちらの動きの方が正義の神としての信仰よりも早かった。

北野天満天神の称が贈られる前年の寛和2（986）年には、文人で儒学者であり、仏教にも傾倒して『日本往生極楽記《にほんおうじょうごくらくき》』を書いた慶滋保胤《よししげのやすたね》が、「菅丞相廟《びょう》に賽《さい》する願文」を書いている。そのなかで天神は「文道《ぶんどう》の祖・詩境《しきょう》の主」であるとされ、北野の社頭に文士が集まって詩篇を献じたと述べられている。

また、平安時代後期の儒学者で歌人である大江匡房《おおえのまさふさ》は、嘉承《かじょう》元（1106）年に、道真が太宰府に左遷されたときと同じ太宰権帥として赴任した際に、道真を偲《しの》んで、今に伝わる神幸祭《しんこうさい》をはじめている。なお匡房は左遷されたわけではない。

能書家だった逸話もないのに書道の神としての信仰も

その後、室町時代になると、天神は禅宗の僧侶の間で文学の神として信仰されるようになる。

そして、「渡唐天神《ととう》」の話が生まれる。

これは、鎌倉時代の仁治《にんじ》2（1241）年に、臨済宗の僧侶であった円爾《えんに》（聖一国師《しょういちこくし》）が宋から帰国して博多の崇福寺《そうふくじ》に住していたとき、夜中に道真があらわれ、禅を学びたいと告げたという話である。そこで円爾は、自らの師である宋の無準師範《ぶじゅんしばん》のところで禅の修行をするのがよいと答えた。すると、道真は神通力を使って宋に渡り、無準師範に参禅して、禅の奥義を授かり、一夜にして円爾のもとに戻り、無準師範から与えられた法衣を見せたと言うのである。

そのときから三百年も前に亡くなっている道真が円爾のもとにあらわれることはまったくあり得ない。この話が語られるようになったときにも、荒唐無稽だという批判があったようだが、この話をもとに渡唐天神の像が作られ、絵が描かれるようになっていく。その際に、中国風の文人として描かれた道真は手に梅の小枝をもっている。これによって、天神と梅との結びつきが強調されることとなった。

面白いのは、さらに天神が書道の神として信仰されるようになっていく点である。

道真に正一位左大臣が追贈されたことで、正暦4（993）年8月、道真の曾孫である菅原幹正《もとまさ》が勅使として太宰府に遣わされた。そのとき、その旨を伝える位記をおいた台のところに紙があるのを発見し、それを開いてみると、そこには七言絶句の詩が記されていた。これは、「神筆《しんぴつ》」と呼ばれ、太宰府から京に送られて公的に文書を扱う外記局におさめられた。

これが今に残っていれば、道真自筆の書として重要な意味をもっただろうが、道真の書いた書というものは、実はまったく残っていない。道真が能書家だったという話も伝わっていない。ところが、天神が学問の神、詩文の神として祀られるようになるなかで、生前の道真は必ずや能書であっただろうと見なされ、そこから書道の神として信仰を集めるようになる。

とくにこの面は、江戸時代に寺子屋で道真が書道の神、手習いの神として祀られるようになったことで広がりを見せていく。寺子屋では、手習いに使う筆に感謝するとともに、その上達を願って、天満宮の境内に筆塚を建て、そこに使えなくなった筆をおさめるようになる。そして、寺子屋では道真を描いた掛け軸が掲げられ、道真の命日を偲ぶ天神講が組織される。

近代に入ると、学校教育が広がり、寺子屋はその存在意義を失っていく。それは、天神信仰の衰退に結びつくものであるはずだが、学校の受験が重要な意味をもつようになったことで、天神は「受験の神」としての信仰を集めるようになり、今日に至っている。

その一方で、避雷針の普及によって雷の被害が少なくなったことで、雷神としての側面はしだいに注目を集めなくなっていった。それでも、雷神は水をもたらすことから、農業神としても信仰されるようになっており、その側面は今でも受け継がれている。

第1章で取り上げた八幡神の場合にも、歴史を経るにつれて、さまざまなご利益を期待されるようになっていったが、天神の場合にも、祟り神からはじまって、しだいに善神となり、正義の神、学問の神、書道の神、そして農業の神として多様な信仰を集めていくこととなった。そして、今や受験の神としては、もっとも広範な信仰を集めているのである。

【この章の主な参考文献】
・坂本太郎『菅原道真』吉川弘文館
・竹内秀雄『天満宮』吉川弘文館
・武田佐知子編『太子信仰と天神信仰―信仰と表現の位相』思文閣出版
・西高辻信貞『太宰府天満宮』学生社
・村山修一編『天神信仰』雄山閣出版

第3章 稲荷

——絶えず変化する膨大な信仰のネットワーク

白い狐と千本鳥居

江戸時代のこと、徳川幕府のおかれた江戸に多いもののたとえとして、「火事喧嘩《けんか》伊勢屋稲荷に犬の糞」と言われた。火事と喧嘩は「江戸の華」とも言われたが、同じように多かったのが、伊勢屋という屋号をもつ店であり、稲荷社であり、犬であった。おそらくこの犬は野良犬のことだろう。

犬については、5代将軍徳川綱吉《とくがわつなよし》の「生類憐《しょうるいあわ》れみの令」の影響もあったのかもしれない。綱吉は殺生《せっしょう》を戒めるために、この御布令《ごふれい》を出したとされる。伊勢屋というのは、伊勢商人の出した店で、ほかにも三河商人の三河屋や、近江商人の近江屋といった屋号をもつ店が江戸に多かった。今でもその名残が、東京の街には見られる。

稲荷社も、東京の街のなかに数多く残っている。稲荷を名乗る神社もかなりの数にのぼるが、ほかの神社の境内に摂社や末社として稲荷社が祀られている事例がかなり見られる。これまで見てきたなかでは、鎌倉の鶴岡八幡宮には丸山《まるやま》稲荷社が祀られている。あるいは、石清水八幡宮には大扉《おおとびら》稲荷社が、湯島天神には笹塚《ささづか》稲荷が祀られている。かえって稲荷社がない神社の方が珍しい。稲荷社のシンボルである千本鳥居《せんぼんとりい》が建ち並んでいたりもする。

街角に小さな稲荷社が祀られていることも多い。そこは、地域の人々の信仰を集めていて、通りがかりにその社前で拝む人の姿をよく見かける。屋敷神として祀られている稲荷社もかなりの数にのぼるが、企業が本社のビルの屋上に稲荷社を祀っている例もある。

たとえば、銀座に本社を構える資生堂の屋上には、「満金龍神成功稲荷《まんきんりゅうじん》」という稲荷社が祀られている。資生堂は、会社の各フロアーに神棚を祀っていると言われるほど信仰に熱心な企業である。今は行われていないが、かつて「大銀座まつり」（1968〜1999年）が行われていたときには、銀座地域に祀られた小祠をめぐるスタンプラリーがあり、そのときには、満金龍神成功稲荷の仮社殿が本社前に建てられ、参拝者を迎えていた。銀座の小祠のほとんどは稲荷社である。

第1章で紹介した「全国神社祭祀祭礼総合調査」では、稲荷信仰に関係する神社は2970社となっていたが、これはあくまで稲荷社を名乗る神社のことで、摂社末社や街中の小祠を数え上げれば、膨大な数の稲荷社が存在することになる。数としては、稲荷社が実際にはいちばん多いはずだ。

稲荷と言えば、すでにふれた千本鳥居と、白い狐の置物がすぐに頭に浮かぶ。赤と白の対照は鮮やかで、強烈な印象を与える。JRなどの旅行関係の広告でも、稲荷社の総本社である京都の伏見稲荷大社の千本鳥居を撮影した写真がよく用いられる。その光景を見ていると、現実とは異なる不思議な世界に迷い込んでいくような気にさせられる。

渡来人・秦氏と「正一位稲荷大明神」額の謎

では、稲荷とは何なのか。稲荷の神とはどういう神なのだろうか。

改めてそう聞かれると、多くの人は答えに窮する。稲荷神と聞いて、狐のことを思い浮かべる人も多いだろうが、稲荷社に狐そのものが祀られているわけではない。狐は、あくまで稲荷神の使いであり、眷属《けんぞく》（神仏に付き従うもの）である。

稲荷と言えば、「正一位稲荷大明神」という額や幟を掲げているのをよく見かける。正一位というのは、朝廷が臣下に対して与えた位階のうち、もっとも位の高いものである。それを神にも応用したのが、「神階」と呼ばれるもので、各地で祀られた神々にそれが授けられた。

稲荷神に対しては、最初、従五位下が授けられた。その時点では、それほど神階は高くなかった。しかし、時代とともにそれぞれの神にはより上の位が与えられるようになり、稲荷神も正一位を授けられるまでに至った。

しかし、正一位をことさら謳《うた》っているのは稲荷社に限られ、ほかの神社ではそうしたことはほとんど行われていない。それだけ、稲荷社が神階にこだわるのは、もともとは神階が低く、朝廷からはそれほど重要視されていなかったからではないだろうか。神階を強調するところには、稲荷神がしだいに成り上がっていったことが示されている。

ただ、稲荷神の歴史自体は古い。最初の記録は、『山城国風土記《やましろのくにふどき》』逸文に出てくる。山城国は、現在の京都府南部にあたる。伏見稲荷大社は、この山城国に属していた。

そこでは、「紀伊《きい》郡伊奈利《いなり》の社、伊奈利ととなえるは、秦中家忌寸《はたのなかつへのいみき》らが遠祖、伊呂具《いろぐ》の秦公《はたのきみ》、稲梁《いね》を積みて、富裕を有《たも》ちき。すなわち餅をもって的となしいかば、白鳥と化《な》ってとびかかりて山の峰に居り伊禰《いね》なり生いき。ついに社の名となる」とある。

紀伊と言うと、今では和歌山県のことをさすが、紀伊郡は伏見を含む京都市南部のことである。そこに、稲荷ではなく、伊奈利と呼ばれる神が祀られていたが、それを祀るのは渡来人の秦氏だとされる。第1章で取り上げた八幡神の場合にも、それを最初に祀っていたのは渡来人であった。

秦氏は昔から稲荷の神を祀っており、稲作を行うことで富を得ていた。そして、おそらく何らかの祭儀なのだろう、餅を的にしたところ、それが白鳥になって山の峰まで飛んでいき、そこに稲が生えた。そこで、社の名前を伊奈利としたというのだ。

この伝承からすれば、稲荷の神は穀物神であり、稲の神であったことになる。現在でも、稲荷にはこの稲の神としての性格が残されており、農村部でも信仰を集めている。

ただ、朝廷における年中行事について記した13世紀終わり鎌倉時代の『年中行事秘抄《ねんちゅうぎょうじひしょう》』には、「くだんの社、立ち始め、祭り始めの由、たしかなる所見無し。ただし彼の社の禰宜《ねぎ》祝《はふり》らが申《もうし》状《じょう》にいう、この神、和《わ》銅年中《どうねんじゅう》、始めて伊奈利山の三箇峰《みつみね》の平処《たいらなるところ》にあらわれ在《ま》したまふ」と述べられている。伏見稲荷の起源についてははっきりしたことは分かっていないが、稲荷神は和銅年間、西暦で言えば708年から715年の間に、伊奈利山にある三つの峯の平らなところにあらわれたというのである。

伊奈利山の3つの峯と大神神社の三輪山との類似点

伊奈利山は、現在の稲荷山のことだが、たしかにそこには三つの峯がある。八幡神も、突如として天降るが、稲荷の場合にも、同じような伝承があったことになる。

稲荷も八幡と同様に、『古事記』や『日本書紀』に記された神話には登場しない神であり、天照大御神をはじめとする日本に固有の神とはまったく関係がない。渡来人の秦氏が祀ったものだとすれば、それは外来神である。

注目されるのは、稲荷神が三つの峯にあらわれたとされる点である。これについては後で述べるが、伏見稲荷大社の背後にある稲荷山には現在、おびただしい数の石碑が建ち並んでいて、そこにはさまざまな神名が刻まれている。これは「お塚」と呼ばれるが、実は、近代に入ってから生まれたもので、それよりも前にはないものだった。

つまり、現在の稲荷山の信仰のあり方は新しいもので、昔は今とは違う形をとっていた。その時代には、この峯というものが重要な意味をもっていたのである。

日本の神社のなかで、もっとも古い信仰の形を残しているとされるのが、大和国一之宮《やまとのくにいちのみや》である奈良県桜井市にある大神神社である。

この神社の何よりもの特徴は、拝殿はあるものの、本殿にあたるものがない点に求められる。一般の神社なら、本殿に御神体を祀り、それを拝殿から拝礼する。では、本殿がないのなら、御神体はどうなるのだろうか。

大神神社では、拝殿の背後にそびえる三輪山が御神体とされている。こうした形態の山は「神体山《しんたいさん》」と呼ばれる。あるいは、「神奈備《かむなび》」とも呼ばれる。

現在の拝殿は、本を開いて伏せたような山形の切妻《きりづま》造りで、曲線の破風の上に三角の破風《はふ》を重ねた千鳥唐《ちどりから》破風の大きな向拝《ごはい》（社殿の入口の庇が張り出した部分）がある立派な社殿である。その奥には、「三ツ鳥居」と呼ばれる大神神社独特の鳥居が建っているのだが、拝殿からは見えない。この鳥居は、一番上の笠木《かさぎ》（頂部の施材）が反っている明神《みようじん》型の鳥居を三つ組み合わせたものである。その先は垣根で囲われ、「禁足地」になっている。そのなかに足を踏み入れることができないのだ。

ただし、この拝殿の左手の方に狭井《さい》神社という摂社があり、そこには、山頂近くにある高宮《こうのみや》神社に参拝するための登攀口《とうはんぐち》がある。そこからだけは、三輪山に登ることができるのだ。

山頂までは2キロメートルほどのかなり険しい山道が続いていく。三輪山の標高は476・

1メートルである。急坂を登って、標高364・5メートルのところまで達すると、そこにいくつもの大きな石が固まっているのを目にする。とくに目立った形をしている石には注連縄《しめなわ》が巻きつけられ、石のあるところ全体に縄がはられて、結界されている。そのなかには入ってはならないとされているわけである。

ここは「中津磐座《なかついわくら》」と呼ばれている。磐座とは、神が鎮座する場所を意味する。頂上近くにある高宮神社のさらに奥には、やはり石がいくつもある場所があり、そこは「奥津磐座《おきつ》」と呼ばれる。そして、麓《ふもと》には「辺津磐座《へつ》」があるが、これは禁足地のなかなので、それを見ることができない。

古代においては、こうした磐座のある場所で祭祀が行われていた。磐座のところにそのつど祭壇を設け、そこに神を呼び出して祭事を行ったわけである。

ここで注目されるのは、三輪山の磐座が、辺津、中津、奥津の3カ所からなっている点である。これは、稲荷山の構造と共通する。稲荷山の場合には、三つの峯になっているわけだが、それぞれの峯には磐座があり、それが信仰の対象になっていた。その三つの峯は、下から三の峯、二の峯、一の峯と呼ばれている。一の峯は、標高233メートルの稲荷山の頂上にある。

ただ、以前は、江戸時代の地図にも記されているが、下ノ塚、中ノ塚、上ノ塚と呼ばれていた。いずれにしても、山のなかに三つの磐座があり、それが信仰の対象になっていた点で、稲荷山と三輪山は等しい形態をとっていたのである。

現在の稲荷山では、すでに述べたように、おびただしい数のお塚があり、そこには鳥居や狐の置物が奉納されていて、訪れる人も多く、活況を呈しているだけではなく、猥雑な雰囲気があったりする。一方、三輪山の方は、神体山として守られていることもあり、そこに登っても、磐座があるばかりで、ほかにはほとんど何も祀られていない。その分、静謐《せいひつ》で古代の雰囲気を今に伝えているように感じられる。

その点では、稲荷山と三輪山とは対照的だが、その構造は共通している。あるいは、稲荷山にお塚が築かれる以前の段階では、二つの山の雰囲気は今以上に似ていたはずだ。実際、少し前までは、三輪山のなかでも、狐の像が祀られていたり、線香が供えられていた。そこで祭祀をする人々がいたからである。新興宗教の教祖のような女性が、注連縄を巻いた杉の大木の前で一心不乱に祈っているような光景も見られた（岡野弘彦「大神神社　神々の物語」『大神神社』淡交社）。

稲荷の信仰は、磐座で祭祀が行われていたという点で、神道の原点に近いものではあるが、その第一の特徴は、その後ほかのさまざまな信仰と習合したり、それを組み込んでいったところにある。

伏見稲荷大社の5つの祭神

平安時代中期に編纂された書物に『延喜式《えんぎしき》』がある。これは、律令の施行細則を述べたもので、宮中における年中行事や制度について述べられている。これは第2章でふれた菅原道真のライバル、藤原時平が編纂をはじめたものである。ただ、時平が若くして亡くなったため、その作業は弟の藤原忠平《ふじわらのただひら》に受け継がれた。完成は、延長5（927）年である。

その『延喜式』の巻9と10は、神名帳《じんみょうちょう》と呼ばれるもので、全国の神社の一覧になっている。そこで伏見稲荷については、「稲荷神社三座　並名神大《ならびみょうじんだい》　月次《げつじ》・新嘗《にいなめ》」と記されている。ここで言われている三座とは、三つの峯をさすものと考えられる。「名神大」とは、名神大社のことで、月次祭や新嘗祭のときに官幣や国幣を奉られる由緒ある神社のことを意味している。

現在の伏見稲荷大社では、5つの祭神を祀っている。宇迦之御魂大神《うかのみたまのおおかみ》、佐田彦大神《さたひこおおかみ》、大宮能売大神《おおみやのめのおおかみ》、田中大神《たなかのおおかみ》、四大神《しのおおかみ》である。このうち、宇迦之御魂大神が主たる祭神とされている。そして、平安時代には、下社《しもしゃ》に宇迦之御魂大神、中社《なかしゃ》に佐田彦大神、上社《かみしゃ》に大宮能売大神を祀るようになったとされている。

現在では、田中大神と四大神を含めた5つの神が本殿に、複数の社《やしろ》が横並びになる「一宇相殿《いちうあいどの》」という形で祀られているが、おそらく、古い時代の下社、中社、上社は、稲荷山のなかの三つの峯のことをさしていたものと思われる。なお、室町時代以降の資料では、別の祭神を挙げているものもあるが、煩瑣《はんさ》になるので、ここでは省略する。『延喜式神名帳』で具体的な神名が挙げられていないことを含め、古い時代には祭神が明確になっていなかった可能性がある。治承《じしょう》年間（1177～1181年）に作られた後白河院《ごしらかわいん》の撰《せん》になる、今様を集めた歌集『梁塵秘抄《りょうじんひしょう》』には、「いなりおはみつのやしろときさしかといまはいつつのやしろなりけり」とあり、いつの間にか3座が5座に増えていたことが示されている。ここでも、具体的な神名は明らかにされていないが、田中大神と四大神が祀られるようになったのは、後になってからのことと考えられる。

主たる祭神である宇迦之御魂大神は、『古事記』に登場するもので、須佐之男命《すさのおのみこと》が櫛名田比売《くしなだひめ》の次にめとった神大市比売《かむおおいちひめ》との間に生まれた。ただし、生まれについて記されているだけで、ほかには何の働きもしない。『日本書紀』には、伊奘諾尊《いざなぎのみこと》が飢えたときに生まれた神として倉稲魂命《うかのみたまのみこと》が登場し、宇迦之御魂大神と同一視されるが、その生まれ方が異なることからして本来は別の神である。

重要なことは、宇迦之御魂大神が『古事記』に登場する豊宇気毘売神《とようけびめのかみ》、つまりは豊受大御神と同一視されたことである。豊受大御神は、豊受大神宮《とようけだいじんぐう》と呼ばれる伊勢神宮の外宮の祭神である。外宮は、内宮に祀られる皇祖神の天照大御神の御饌《みけ》（大切な食べ物）の神、五穀を司る女神である。

すでに見た『山城国風土記』逸文では、伏見稲荷の祭神は稲の神であり、穀物神であるとされていた。そのために、やはり稲の神である倉稲魂命や豊受大御神と習合していったわけである。

佐田彦大神の別名が猿田彦大神《さるたひこおおかみ》で、『古事記』や『日本書紀』の天孫降臨の物語に登場し、神々を先導する役割を果たすが、「田」の字を含むことで、宇迦之御魂大神と関係する余地が生まれたものと思われる。

大宮能売大神は、神に供える食事である神饌《しんせん》を取り扱う巫女を神格化したものとも言われ、やはり食物に関連する。それは、後に祀られるようになった田中大神についても言える。この神の由緒は不明だが、その名称からして、田の神であろう。四大神については、その由来に諸説があり、四季を示す神であるとか、竈《かまど》の神であるとも言われる。

空海や東寺との関連で見られる伏見稲荷の密教の影響

このように、稲荷神は、稲の神、穀物の神としての性格をしだいに明確にしていったわけだが、その信仰が広まっていく上で、密教を核とする真言宗とのかかわりが生まれたことは大きかった。前掲『神も仏も大好きな日本人』でも詳しく述べたように、日本の仏教界は、中世において密教の信仰に席捲《せっけん》された。そして、密教は、神道と仏教を接合させ、神仏習合の信仰を広めることに大いに貢献したのである。

真言宗を開いたのは弘法大師《こうぼうだいし》空海《くうかい》だが、その空海が朝廷から賜った京都の東寺《とうじ》に伝わるものに、『稲荷大明神流記《いなりだいみょうじんるき》』がある。これは、14世紀のものとされる。

それによれば、空海は、弘仁《こうにん》7（816）年、紀州の田辺で稲荷神の化身である老翁《ろうおう》に出会った。その老翁は8尺の高さだったというから、2メートル40センチはあったことになる。翁《おきな》は、空海と出会ったことを喜び、自分は神であり、人を畏服させる徳はあるが、菩薩となったそなたの弟子は幸福だと告げた。

それに対して空海は、唐の霊山で翁と誓いを交わしたことを忘れることができない、自分には、日本において密教を興隆させたいという願いがあり、京都の東寺で待っているので、来てほしいと言い残した。

弘仁14年に、空海が天皇から東寺を賜わると、その年の4月には、その稲荷神が稲を担ぎ、杉の葉をもって、それぞれ子どもを伴った二人の女性とともに東寺にやってきた。空海は、それを歓待した。一行は、しばらく京都に滞在していたが、空海はその間に、東寺の造営に使う材木を伐り出す山を決め、その山に17日間祈りを捧げ、そこに稲荷神に鎮座してもらった。そこが、伏見稲荷の鎮座した土地だというのである。

13世紀から14世紀にかけて成立した空海の絵伝である『高野《こうや》大師行状図画《だいしぎょうじょうずえ》』などには、このときの情景が描かれているが、もちろんこれは伝説であって、歴史的な事実ではない。

しかし、こうした伝説が生み出されたことで、伏見稲荷と東寺との間に密接な関係が生まれた。今日でも、毎年4月に行われる「稲荷祭」の際には、東寺の北東にある伏見稲荷大社御《お》旅《たび》所《しょ》を発った神輿《みこし》を中心とした列は、東寺の東門前にとどまり、数名の東寺の僧侶によって「東寺神供《じんく》」を受け、それから本社へ戻る。この御旅所は、老翁としてあらわれた稲荷神が滞在していたところとされる。

さらに、密教の信仰は、稲荷山自体にも及んでいった。

密教を媒介にして神道と仏教が結びつくことで、神仏習合の信仰が生まれたわけだが、それを理論化したものが、「本地垂迹説《ほんじすいじゃくせつ》」であった。これは、よく知られているように、日本の神神は、仏教で信仰される仏がその姿をあらわしたものだとする説で、垂迹神と本地仏が一体の関係で結ばれることとなった。

その波は稲荷山にも及び、三つの峯のうち、上ノ塚の本地仏は弁財天《べんざいてん》、中ノ塚は聖天《しょうてん》、下ノ塚は吒天《だてん》であるとされた。そして、三つの峯全体が三弁の如意宝珠《にょいほうじゅ》をあらわすとされるようになる。如意宝珠とは、思いのままに願いをかなえる密教の法具であり、空海が稲荷山に如意宝珠を埋めたという伝承さえ生まれた。なお、稲荷山のなかには、三つの峯を象徴する火《か》焔宝珠《えんほうじゅ》を刻んだ石がある。

切っても切れない眷属・白い狐と稲荷神の関係

ここで重要なのは、下ノ塚と結びつけられた吒天のことである。吒天の別名は荼枳尼天《だきにてん》である。それはもともとはインドのヒンドゥー教の女神であり、それが仏教に取り入れられたものである。

空海が唐から持ち帰ったもののなかには、密教の儀礼で用いられる両界曼荼羅《りょうかいまんだら》も含まれていた。しかし、空海招来の曼荼羅は現在は残されていない。護摩《ごま》を焚く儀礼に用いられたため、破損してしまったものと考えられる。

その後も、両界曼荼羅が描かれていくが、胎蔵界《たいぞうかい》曼荼羅には、その荼枳尼天の姿も描かれている。半裸で、血の入った器や短刀、屍肉などを手にもっている。インドでは、人肉を食うと言われていた。その後、剣と宝珠を手にもって狐に乗った姿で描かれるようになり、「辰狐王《しんこおう》菩薩《ぼさつ》」や「貴狐天王《きこてんのう》」とも呼ばれるようになっていく。

そのために、狐を眷属とするようになった稲荷神と習合したのか、それとも、荼枳尼天が稲荷神と習合した結果、狐が稲荷神の眷属とされるようになったのか、その歴史的な経緯を明らかにすることは難しい。神仏習合を基盤とした中世の信仰世界においては、本地垂迹説などを用いて、あらゆる存在が少しでも関連性をもてば、一つに重ね合わされていったからである。

実際、荼枳尼天は皇祖神である天照大御神とも習合していく。そして、近代以前に天皇が即位するときに行われた「即位灌頂《そくいかんじょう》」という密教の儀礼においては、荼枳尼天の真言を唱えるとともに、金と銀の荼枳尼天の像を祀って、「辰狐法」が実践されたとも言われる。

稲荷神を描いた絵画には、老翁が稲束を担いでいるものもあるが、多くは白い狐に稲荷神がまたがったものである。ただし、稲荷神の姿はさまざまで、右手に宝剣をもち、左手に如意宝珠をささげた女神であることもあれば、老翁が右手で稲穂をもち左手の上に如意宝珠を載せたものなどもある。こうした絵画が数多く描かれることで、稲荷神とその眷属としての白い狐は切っても切れない結びつきをもつこととなったのである。

こうした稲荷神の信仰を広めたのは、稲荷行者や稲荷勧進僧と呼ばれる人たちだった。稲荷行者は祈禱師で、稲荷山のなかの堂宇《どうう》で祈禱を行ったり、稲荷神を屋敷神として祀るような家に出かけていって、そこで祈禱した。稲荷神が憑依《ひょうい》するようなこともあり、それでお告げを下したのだ。

伏見稲荷も、応仁の乱以降は戦乱に巻き込まれ、また、内部でも神主家である秦氏と、祠官家である荷田《かだ》氏の間で対立が起こり、それで、一時荒廃していたことがあり、それを再建するために稲荷勧進僧が活躍した。こうした行者や勧進僧が広めたのは、密教の影響を色濃く受けた現世利益の信仰であった。

応仁の乱の後の伏見稲荷は、「稲荷本願所」と呼ばれ、そこには東寺の末寺となる愛染寺《あいぜんじ》が神宮寺として建てられた。愛染寺の僧侶が、稲荷本願所の管理や運営を行っていた。ここにも東寺との密接な関係が示されているが、この時代には本願所で荼枳尼天が祀られていた。愛染寺は、明治に入って神仏分離が行われると、廃寺になっている。

江戸時代に入ると、天阿という僧侶があらわれ、愛染寺において秘法として、狐憑きを落とし、魔物を退散させる加持祈禱を行った。それによって、稲荷と狐との結びつきはより強固なものになっていった。そして、各地で愛染寺から荼枳尼天を勧請することが広く行われるようになり、それが信仰の拡大に結びついた。

現在の伏見稲荷大社は神道の神社であるが、稲荷信仰にかんしては、その一方で、豊川稲荷を中心とする仏教系の信仰が並立する形で存在している。豊川稲荷は愛知県豊川市にある曹洞宗の寺院で、正式には円福山豊川閣妙厳寺《えんぷくざんとよかわかくみょうごんじ》と言う。その妙厳寺の本殿に荼枳尼天が祀られている。ただし、本尊は法堂に祀られた千手観音《せんじゅかんのん》である。

このため、伏見稲荷は神道系の稲荷で、豊川稲荷は仏教系の稲荷とされているものの、江戸時代まで遡ってみれば、伏見稲荷も神仏習合の形態をとっており、必ずしも神道系には限定されなかった。神道と仏教とが明確に区別されるのは明治以降のことで、それ以前の稲荷信仰は典型的な神仏習合の信仰だったのである。

農業の神だけでなく漁業の神、屋敷神、武運、商人の神にも

これまで見てきたように、日本の神々の特徴は、分霊と勧請によって、その信仰が広がりを見せていくことにある。稲荷信仰の場合はその典型であり、各地に伏見稲荷から勧請した稲荷社が建立され、多くの人たちの信仰を集めていった。

さらに、稲荷神に特徴的なのは、信仰内容も拡大していったことである。稲荷神は、その起源が示しているように、当初は稲の神としての性格をもっていた。稲は、もっとも重要な作物であり、人々は稲の豊かな実りが実現されることを稲荷神に祈った。そのために、各地に稲荷社が勧請されたわけである。

しかし、稲荷神は稲の神にとどまってはいなかった。たとえば、漁村地帯においては、漁業神としても信仰されるようになる。漁業の神と言えば、後の章で述べる住吉《すみよし》や金毘羅、恵比須《えびす》の信仰がよく知られているが、地域によっては、稲荷神が漁業神として盛んに信仰されることがあった。亀山慶一《かめやまけいいち》は、「漁村における稲荷信仰」（直江廣治編『稲荷信仰』雄山閣出版）という論文のなかで、津軽地方と若狭《わかさ》地方の稲荷信仰について報告している。

さらに、江戸時代になると、さまざまな地方の武士たちが江戸に住むようになり、彼らは新たに開発された宅地に住居をもつようになった。その際に、土地の神を稲荷神として祀ることが多く、稲荷は屋敷神として広まっていく。

この屋敷神を祀る習俗は、最初、大名や旗本などが実践したが、しだいに商人たちも祀るようになる。さらには、一般の町人たちも自分たちの住む地域に共同で稲荷の小祠を建立するようになる。これによって、この章の冒頭で述べたように、江戸に多い信仰として稲荷が挙げられるようになったのである。

そして、祀り手が拡大することによって、信仰内容も広がりを見せ、武士たちは武運長久《ぶうんちようきゆう》を稲荷に願うようになる。また、商人や町人たちは、もっぱら商売繁盛を願うようになる。商人が祀った稲荷の代表が、近代に入ると三井財閥を形成する三井家が祀った三圍《みめぐり》神社である。

これによって、稲荷信仰は大きな広がりを見せた。これほど、多くの人々の信仰を集めた神はほかにない。その結果、無数の稲荷社が各地に誕生することになったのである。

謎の千本鳥居とお塚信仰と神仏分離

しかし、ここまでの記述を読んできて、読者のなかには一つ疑問を感じることがあるかもしれない。この章のはじめに稲荷のシンボルとして千本鳥居のことにふれたが、それ以降、その話が少しも出てこないからである。千本鳥居は、伏見稲荷だけではなく、各地の稲荷社に建てられている。いったい、千本鳥居の起源は何なのか、疑問をもたれる人もいるに違いない。

実は、これについてはあまりよく分かっていない。そもそも千本鳥居についての研究がないからである。稲荷信仰や伏見稲荷について書かれた本を見ても、いったいいつからそれがはじまったのか、それは明確にされていない。

伏見稲荷に残された絵図に、「稲荷山寛文之大絵図《かんぶんのだいえず》」がある。そこには、稲荷山全体が描かれ、社殿なども記されているのだが、鳥居はいくつかあるものの、千本鳥居にはなっていない。寛文年間とは、1661年から1672年までをさすが、残されている絵図は、伏見稲荷の祠官だった秦親臣《はたちかおみ》が模写したものである。この人物の生没年は1724年から1806年である。

この絵図が正しいとするなら、江戸時代の初期においては、稲荷山にはまだ千本鳥居はなかったことになる。

また、江戸時代の後期の天保年間（1830〜1844年）に斎藤月岑《さいとうげつしん》が刊行した『江戸名所図会《えどめいしょずえ》』には、江戸の市中にあったいくつもの稲荷社について、その絵図を掲げているが、どれを見ても、千本鳥居は見出せない。その点からすると、江戸時代にはまだ稲荷社に千本鳥居を建てる慣習は存在しなかったことになる。

おそらくそこには、すでにふれたお塚の信仰が関係している。

お塚とは、稲荷山に無数に祀られている石碑のことをさす。今は、千本鳥居をくぐり抜けると、お塚のある場所へ出るようになっていて、それから後は、いたるところにお塚を見出すことができる。

私がはじめて稲荷山に足を踏み入れたときには、お塚について何も知らなかったために、その光景を見て衝撃を受けた。数があまりに多く、しかも、それぞれのお塚の前には、おびただしい数の石や木でできた鳥居や狐の置物が奉納されていたからである。

それぞれの石碑には、「白菊大神《しらぎくおおかみ》」や「末広大神《すえひろおおかみ》」などの神名が刻まれている。そして、お塚が密集したところからは、経文を唱える声も聞こえてきた。近づいていくと、中年の女性が蠟燭《ろうそく》を灯し、線香を焚いて、般若心経を唱えていた。まだその頃の私は、神仏習合ということについてさほど詳しくはなかったので、神社の境内で般若心経が唱えられていること自体に驚いた。その日は平日で、曇っており、そのせいもあったかもしれないが、はじめて接した稲荷山の雰囲気は、ひどくおどろおどろしいものに感じられた。何か、見てはならないものを見てしまったという印象さえ受けたのだ。

それから何年もして改めて休みの日に訪れてみると、天候もよかったせいか、人出も多く、若者や家族連れ、外国人の観光客などで稲荷山は活況を呈していた。そのときは、少しもおどろおどろしさを感じることはなかった。あるいは、時代が変わってしまったのかもしれない。

お塚は表面に苔が生えていて、その分、古くからのものに感じられる。近世か、さらに遡って中世の信仰のにおいも感じられる。しかし、先にふれた「稲荷山寛文之大絵図」には、千本鳥居と同様に、このお塚もまったく描かれていない。

お塚の信仰が生まれたのは、実は近代になってからのことである。そこには、明治に入ってすぐに行われた神仏分離の影響があった。

神仏分離は、明治政府が出した「神仏判然令」にもとづくもので、神道の純粋性を確保するために、神社に祀られていた仏教関係の仏像を撤去したり、境内にあった神宮寺を廃止することを目的としていた。これが「廃仏毀釈」という動きに結びつき、仏教の寺院のなかには、廃寺になったり、荒廃してしまったものが少なくなかったのである。

ただし、神仏分離は、仏教信仰の排除にとどまらず、神社における信仰を純化することも含まれていた。その結果、伏見稲荷では、神号が稲荷大明神に統一され、ほかの神名を使うことができなくなった。そこで、自分たちで独自の神を祀っていた人々が、稲荷山の山中に勝手に石碑を建て、それを私的な礼拝施設にした。それがお塚のはじまりだったのである。

伏見稲荷の側では、このお塚の数を定期的に数えているが、明治35（1902）年の時点では、633基だった。山中に石碑を持ち込むのは容易なことではなく、人手もいる。しかし、明治に入ってからお塚は急増したことになる。

けれども、それはまだたいしたことがなかった。それから30年が経った昭和7（1932）年には2254基にも増えた。明治35年のおよそ3・6倍になっている。さらに、それから7年後の昭和14年には2500基に達した。そして、戦後の昭和42年には、7762基を数えるまでになる。明治35年と比較するなら、65年ほどの間に、お塚は10倍以上に増えたことになる。

ごくごく最近、建てられた千本鳥居

伏見稲荷の側が、お塚の数を数えていると聞くと、神社の側はその増加を喜んでいるように思われるかもしれないが、実際にはまったく逆で、この自発的な信仰の高まりに手を焼いてきた。伏見稲荷の神官が、お塚を破壊して回ったこともあったようで、何とかその増加を食い止めようとしてきた。昭和37（1962）年からは許可制になったものの、今では1万基を超えるのではないかと言われている。ただ、昭和42年以降は調査が行われておらず、正確な数は分からない。

お塚が近代に入って増え続けていった背景には、稲荷行者の存在があるとも言われる。彼らは、お塚のなかの特定の神を信仰の対象としていて、自分についてくる信者たちをそこに導いた。お塚の神が、それぞれの人間の守護神の役割を果たすことになったのである。

千本鳥居も、このお塚の信仰の高まりの影響で生まれたのであろう。お塚を建てることは神社側によって規制されている。ならば、鳥居を奉納することでその代わりにしよう。それについては、神社側もコントロールが可能なので、許容されたのではないだろうか。

実は最近、京都の大学に通う学生が、伏見稲荷の鳥居の数を数え、その結果を、インターネットのサイトに載せている。その学生は、調査を行う際に基準を設けており、参道にある鳥居をすべて数え上げることにしたが、人がくぐれるサイズのものに限定している。もちろん、この基準には曖昧さが残るが、その結果、3381基あることが明らかになった。

ただし、鳥居の数は、この調査が行われた時点でのもので、その後変化している可能性が高い。というのも、千本鳥居のつらなりを見ていくと、背後には、それを奉納した人間の名前とともに、奉納した日時が記されている。「平成25年1月吉日建之」といった具合にである。

私は、平成22（2010）年に稲荷山を訪れたときに、鳥居の背後を見ていった。それはすべて平成に入ってから建てられたもので、昭和のものは1基もなかった。大学生の調査では、ここに建っているのは789基とされている。この鳥居は朱塗りの木製ということもあり、朽ちてしまうこともあろうが、それ以前に、新しく鳥居を奉納したいという希望があれば、古いものは取り去られてしまうようなのだ。

これが、それぞれのお塚に奉納されている小さな鳥居となると、多くの信仰者を集めているところでは、数日前のものしかなかった。あまりに奉納される数が多いので、一週間もしないうちに取り払われてしまうらしい。

お塚にしても、千本鳥居にしても、そこには、現在においても、稲荷信仰がいかに盛んなものであるかが示されている。稲荷神が商売繁盛の神としての性格をもつようになり、商売人が熱心に信仰するようになったことが影響しているが、お塚という具体的な対象が生まれることで、伏見稲荷はそれまで以上に求心力を発揮するようになったのである。

東京で商売をしている人のなかにも、元旦には必ず伏見稲荷に初詣に行くという人も少なくない。経営の合理化が求められる現代ではあるものの、信心はかえって昔よりも盛んになっているのかもしれない。そもそも初詣という慣習が成立するのは、鉄道網が広がり、鉄道各社が正月の乗客を増やすために、初詣を宣伝するようになってからのことである（その点については、平山昇『鉄道が変えた社寺参詣』〈交通新聞社新書〉を参照）。

時代によって絶えず変化してきた稲荷信仰

伏見稲荷に多くの人が参拝する機会としては、初詣の慣習よりもはるかに古いものとして、すでにふれた稲荷祭と初午《はつうま》とがある。

稲荷祭のうち、神幸祭では、現在4月20日前後の日曜日に、五基の神輿が氏子区域を巡回し、御旅所に向かう。そして、5月3日に還幸祭《かんこうさい》が行われ、その神輿は東寺にも寄って本社に戻る。昔は、陰暦3月の二の午の日に神幸祭が行われ、還幸祭は陰暦4月の最初の卯の日、4月に3回卯の日がめぐってくるときには二の卯の日に行われた。

この神幸祭や稲荷祭以上に稲荷の祭としてよく知られているものが、初午である。これは、

2月の最初の午の日に行われる。このときには、初午詣と称して、数多くの参拝者が伏見稲荷大社を訪れるし、各地の稲荷社でも祭が営まれる。

今日では、稲荷と言えば、狐との結びつきが色濃く、なぜ午（馬）の日なのかという疑問も浮かんでくるが、それは、稲荷の神がはじめて稲荷山の峯に鎮座するようになったのが、和銅4（711）年2月の最初の午の日とされるからである。

現在、初午に伏見稲荷大社に参拝した人々は、お札とともに、杉の小枝に御幣《ごへい》とお多福のような小さな面がついた「しるしの杉」を授かる。これは、かなり古くからの行事で、平安時代中期に熊野詣が盛んになった頃に、熊野に向かう人々がその行き帰りに伏見稲荷に寄り、境内の杉の木の枝を折り、それをからだのどこかに身につけて、道中の安全を願ったことに由来するとされている。

これが、初午の行事となり、多くの人が杉を持ち帰るようになった。寛元《かんげん》2（1243）年に成立した『新撰六帖題和歌《しんせんろくじょうだいわか》』という歌集には、藤原光俊《ふじわらのみつとし》の歌として、「きさらぎやけふ初午のしるしとて稲荷の杉はもとつ葉もなし」というものが載っている。葉がなくなってしまうほど、多くの人が伏見稲荷を訪れたというのである。

1120年からそれほど経っていない時代に編纂されたとされている『今昔物語集』巻28には、「近衛ノ舎人共稲荷ニ詣デシニ重方女ニアヘルコト」という話が載っている。すでにこの時代に、貴賤《きせん》を問わず京都に住む人々は初午の日に稲荷詣に出かけた。

この『今昔物語集』に記された稲荷詣では、下人《げにん》に食べ物や酒をもたせているので、多分に物見遊山《ものみゆさん》の性格があったが、これよりさらに古く、10世紀の終わりに成立した清少納言の『枕草子』には、彼女自身が稲荷詣をしたときのことが描かれている。

清少納言が行ったのは、稲荷山の峯々を歩いて回ることで、彼女はそれに相当苦労したようだが、1度ではなく、3度や7度めぐる人たちもいて、それが慣習になっていたらしい。もし稲荷山を7度もめぐるとしたら大変なことである。全体をめぐるとしたら2時間はかかるので、7度は難しい。あるいは当時は、短縮のコースをめぐったのかもしれない。

どちらにしても、現在の初午の慣習とはかなり異なっている。伏見稲荷における信仰活動は、時代によって絶えず変化してきたことが分かる。そして、変容をとげたことで、信仰の幅を広げ、それで多くの参拝者を招き、信仰者を生むことにつながった。今、稲荷山を訪れるのは、若者が中心であり、おそらく彼らの間にその信仰がこれからも受け継がれていくことだろう。

しかも、伏見稲荷はいたるところに勧請されている。その信仰のネットワークは、全国津々浦々に広がっている。これからも、稲荷の信仰が衰えることはないだろう。

【この章の主な参考文献】

・近藤喜博『稲荷信仰』はなわ新書
・直江廣治編『稲荷信仰』雄山閣出版
・三好和義他『伏見稲荷大社』淡交社
・山折哲雄編『稲荷信仰事典』戎光祥出版

第4章　伊勢

――皇室の祖先神・天照大御神を祀る

伊勢という土地と分けては考えられない祭神・天照大御神

これまでふれてきた八幡、天神、稲荷は神の名前であるが、伊勢は神の名前ではなく、皇室の祖先とされる天照大御神を祀る伊勢神宮のある場所のことをさしている。

伊勢神宮は、ほかの神社と同様に、今日では宗教法人の形態をとっているが、その正式な名称は「宗教法人神宮」である。伊勢神宮という名前は使われない。ただ、一般には伊勢神宮の名前が使われる。また、昔から「大神宮さん」と呼ばれるとともに、「お伊勢さん」とも呼ばれてきた。

伊勢神宮は天照大御神を祀る内宮《ないくう》と、豊受大御神を祀る外宮《げくう》からなっている。内宮の正式な名称は「皇大神宮《こうたいじんぐう》」であり、外宮は「豊受大神宮」である。

皇大神宮と豊受大神宮は、祭神を祀る正宮《しょうぐう》のほかに、いくつもの別宮《べつぐう》、摂社、末社、所管社がある。皇大神宮の別宮には別宮所管社まである。その数は、内宮と外宮をあわせて、正宮に次いで重要な別宮が14社、摂社が43社、末社が24社、正宮や別宮が所管し、その衣食住を司る所管社が34社、別宮所管社が8社にのぼり、これに正宮を含めると全部で125社になる。

広い意味では、この125社全体をさして伊勢神宮と呼ばれる。125社が鎮座している場所は、伊勢市だけでなく、度会《わたらい》郡大紀町《たいきちょう》、同玉城町《たまきちょう》、同度会町、志摩《しま》市、松阪《まつさか》市、鳥羽《とば》市、多《た》気《き》郡多気町の4市2郡に及んでいる。そのほとんどは創建が古代に遡るが、内宮の別宮の一つである倭姫宮《やまとのひめのみや》は、大正12（1923）年と、近代になってからの創建である。

伊勢神宮を総本社として、伊勢以外の場所で天照大御神を祀る神社が神明社、神明宮、皇大神社などと呼ばれるものである。第1章で紹介した調査では、伊勢神宮関係の神社は全国に4425社あり、八幡信仰関係の神社に次いで多い。

代表的な神明社としては、東京の芝《しば》大神宮、石川の金沢神明宮、長野の仁科《にしな》神明宮、京都の日向《ひむかい》神明宮などがあるが、芝大神宮を除くと、それほど著名な神明社は存在しない。総本社である伊勢神宮が伊勢信仰の中心であり、あまりにその存在感が卓越しているからであろう。八幡、天神、稲荷の信仰では、宇佐八幡、北野天満宮、伏見稲荷から祭神を勧請して創建された各神社が独自性を示すようになり、なかには本社以上に広範な信仰を集めるようになったところもある。

それに対して、神明社は、あくまで伊勢神宮の下に属しているという感覚が強い。著名な神明社がそれほどないのも、そこに原因がある。その点では、伊勢神宮からの勧請は、八幡などからの勧請とは性格を異にしていると考えるべきかもしれない。天照大御神は、伊勢という土地から離れがたいものであり、そこにこの神の特徴が示されているようにも思われる。

皇祖神であり太陽神である天照大御神

天照大御神は、日本の神々の世界においては中心をなす存在であり、すでに述べたように、皇室の祖先、皇祖神とされている。しかも、太陽神と考えられていて、その点は、天照大御神が天岩戸《あまのいわと》に隠れたことで世の中が暗闇になったという『古事記』や『日本書紀』の神話に示されている。これは、日蝕をもとにしての発想である。

太陽神に対する信仰は、日本に限らず、世界各地に見られる。ギリシア・ローマ神話のアポローン（アポロ）、エジプト神話のアテンやラー、イラン神話のミスラ、インド神話のスーリヤなどがよく知られている（松村一男他編『神の文化史事典』〈白水社〉を参照）。太陽神の信仰をもたない民族は存在しないのではないだろうか。

天照大御神という呼称は『古事記』のもので、『日本書紀』では、天照大神と表記され、別名は大日孁貴神《おおひるめのむちのかみ》である。『古事記』においては、亡くなった伊邪那美命《いざなみのみこと》を追って黄泉の国へ赴いた伊邪那岐命《いざなぎのみこと》が、そこから生還し、穢《けが》れをおとすために左目を洗ったときに、天照大御神が生まれたとされている。

伊邪那岐命と伊邪那美命は、二人協力して国生みを行ったわけだが、天照大御神は男神である伊邪那岐命から生まれた。ただ、『日本書紀』においては、『古事記』と同じ生まれ方をしたと述べられるとともに、日本の国土や山川草木を生んだ後に、伊邪那岐命（『日本書紀』では伊弉諾尊）と伊邪那美命（伊弉冉尊）から大日孁貴が生まれたという話も載せられている。天照大御神の誕生にかんしては、異なる二つの系統の伝承が存在する。

天照大御神には、同じ生まれ方をした弟として、建速須《たけはやす》佐《さ》之《の》男命《おのみこと》（素戔男［嗚］尊）がいる。この姉と弟が高天原で相対したときに、建速須佐之男命が天照大御神の携えていた勾玉《まがたま》と珠《たま》を受けとって嚙み砕き、そこから吹き出した息の霧から、正勝吾《まさかつあ》勝勝速日《かつかちはやひ》天之《あめの》忍穂耳命《おしほみみのみこと》（天忍穂耳命）が生まれたとされている。

この天之忍穂耳命は、天地開闢《かいびゃく》のときに誕生した高御《たかみ》産《む》巣《す》日神《びのかみ》（高皇《たかみ》産霊神《むすびのみこと》）の娘、萬幡豊《よろずはたとよ》秋津《あきつ》師《し》比売命《ひめのみこと》（栲幡千千姫命《たくはたちぢひめのみこと》）との間に瓊《に》瓊《に》杵尊《ぎのみこと》を産み、その曾孫が神武天皇であった。これによって、天照大御神は皇室の祖先神とされるわけである。

もちろんこれは神話であり、架空の物語である。しかし、これまで述べてきた八幡、天神、稲荷は、どれも記紀神話にはまったく登場しておらず、歴史の途中から出現した形になっていた。その点で、天照大御神とは決定的な差がある。

ただ、前の章で見たように、稲荷神は伊勢神宮外宮の祭神である豊受大御神と習合していった。これは、稲荷神の地位を高めることに貢献したのである。

『古事記』『日本書紀』と神武天皇

『古事記』が太安万侶《おおのやすまろ》によって献上されたのは和銅5（712）年のこととされる。そのために、平成24（2012）年には『古事記』誕生1300年が祝われた。

太安万侶は、天武天皇から命じられて、稗田阿礼《ひえだのあれ》という人物が記憶していた天皇の系譜である『帝皇日継《ていおうのひつぎ》（帝記《ていき》）』と古い伝承である『先代旧辞《せんだいくじ》（旧辞《くじ》）』を書き記し、それで『古事記』を編纂した。なお、帝記と旧辞は失われ、今日には伝えられていない。

『古事記』については昔から偽書説が称《とな》えられてきた。序文のみを偽書とする説もあれば、『日本書紀』よりも後にできたものだという説もある。しかし、上田正昭が平成24年に刊行した『私の日本古代史』（上下、新潮選書）でも詳しく論じられているように、『古事記』偽書説は現在では否定されている。

問題は、帝記や旧辞に記されていたとされる古代の物語が、時代としていつまで遡るものなのかということである。

『古事記』では、この世のはじまりから推古天皇の時代のことまでが記されている。推古天皇が亡くなったのは628年のことで、『古事記』では、その陵《みささぎ》が大野の岡から科長《しなが》の大陵へ移されたことまでが記載されている。つまり、飛鳥時代初期までのことが記されているわけである。

失われた帝記と旧辞については、『日本書紀』で、その存在に言及されており、古墳時代後期にあたる6世紀前半から中葉にかけて成立したのではないかと考えられている。それはちょうど、日本に仏教が伝えられた時代にあたっており、それまでの時代について記録した帝記と旧辞には、仏教が伝来する以前の伝承がつづられていることになる。

神話というものは、どこの民族においてもそうだが、その民族の誕生や民族が生まれた国土の発生、さらには世界の創造について語っていく。そうした出来事は、はるか過去に起こったこととされ、いつだとは特定されない。

実際、『古事記』には年代がほとんど記されておらず、それを推定させる情報も載せられていない。しかし、『日本書紀』になると、歴史書としての性格を強くもつために、年代についても記されている。たとえば、初代の天皇である神武天皇の項目では、45歳の時点で、天の神々がこの国に降ってから１７９万２４７０余年になると述べられている。

代々の天皇の在世期間をたどっていくと、神武天皇は、紀元前６６０年にあたる辛酉《しんゆう》年1月1日（新暦では2月18日）に即位し、紀元前５８５年に相当する神武天皇76年3月11日（4月9日）に亡くなったと見積もられている。ただ、生まれは紀元前７１１年にあたる庚午《こうご》年1月1日（2月13日）とされるので、１２５年以上生きたことになる。並外れた長命は、旧約聖書でもそうだが、神話的な人物の特徴である。

この時代は、歴史区分では縄文時代晩期にあたる。その時代の出土品からは、神武天皇に結びつくようなものはいっさい発見されていない。その点で、神武天皇からはじまる初期の天皇の物語は、架空のものとして考えなければならない。

伊勢神宮の原型とその変遷

伊勢神宮の創建にかんしては、『日本書紀』に記されている。

ただ、その前提となる事柄については、『古事記』の天孫降臨の場面に記されている。天照大御神の孫にあたる瓊瓊杵尊が降臨するときに、八尺の鏡（八《や》咫鏡《たのかがみ》）が授けられ、そこに天照大御神の魂が宿っているとされた。

この鏡は、やはり瓊瓊杵尊がもたらした剣と玉とともに神武天皇に伝えられた。これが、「三種の神器」である。そして、代々の天皇のそばにおかれていたが、『日本書紀』の崇《す》神紀《じんき》6年の条には、「是より先に、天照大神、倭大国魂《やまとのおおくにのたま》の二神を、天皇の大殿の内に並べ祭る。然れどもその神の勢を畏《おそ》りて、共に住み給うに安からず。故、天照大神をもって豊鍬入姫命《とよすきいりびめのみこと》に託《あず》けまつりて、倭の笠縫邑《かさぬいむら》に祭る」とある。

天照大御神は、はじめ天皇の住む宮殿に倭大国魂の神とともに祀られていた。ところが、疫病が流行し、その原因は、二つの神が争っていることに求められた。そこで、二つの神は別々の場所に祀られる。倭大国魂の方は、現在の奈良県天理市にある大和神社に移された。

問題は、天照大御神が移された倭の笠縫邑がどこかである。それは、奈良県桜井市にある大神神社の摂社である檜原神社あたりではなかったかと言われているが、他にも候補地は多数存在する。

伊勢神宮の原型にあたるものは、最初、大和の地にあったわけである。それは皇祖神を祀る場所であるわけだから、自然なことであった。

ところが、同じ『日本書紀』の垂仁《すいにん》天皇25年3月の条には、「倭姫命《やまとひめのみこと》、菟田《うだ》の篠幡《ささはた》に祀り、更に還りて近江国に入りて、東の美濃を廻りて、伊勢国に至る」と記されている。倭姫命は、推古天皇を継いだ舒明《じょめい》天皇の孫で、父親はその子の古人大兄皇子《ふるひとのおおえのみこ》であった。後には天智天皇の皇后になっている。その倭姫命は、八咫鏡を鎮座させるべき場所を求めて、各地を経《へ》巡《めぐ》ったというのである。

菟田というのは、奈良盆地の東南にある宇陀山地の一帯をさす。現在の宇陀市は桜井市の東隣りである。笠縫邑からはそれほど離れてはいない。あるいは、両者は同じ場所かもしれない。

ところが、倭姫命は、それを近江国（現在の滋賀県）に移し、さらには美濃国（現在の岐阜県南部）を経てから、現在地の伊勢国に移している。伊勢国に落ち着いたのは、天照大御神が倭姫命に対して、「この神風の伊勢の国は常世の浪の重浪《しきなみ》帰《よ》する国なり、傍国《かたくに》の可怜《うま》し国なり。この国に居らむとおもう」と述べたからだとされる。常世とは、海の彼方に存在する古代の理想郷のことである。

神饌を供える神・豊受大御神をのちに祀った外宮

今訪れても分かることだが、伊勢の地は自然に恵まれ、食べ物も格段に旨い好ましい場所である。天照大御神がこの場所に魅力を感じた理由も理解できるのだが、それによってもともと祀られていた大和の地を離れることになった。

もし伊勢神宮がずっと大和に祀られていたとしたら、その後の運命は大きく変わっていたことだろう。大和から都は京へと移っていったし、大和は大規模な仏教寺院がつぎつぎと建てられていったところである。

後に述べるように、中世の時代には、伊勢神宮にも神仏習合の波が押し寄せたが、大和にあったとしたら、より大きな影響を受け、伊勢神宮はむしろ神仏習合の信仰の象徴となっていたかもしれない。

しかし、大和から離れたことで、仏教という大波に飲み込まれてしまうことにはならなかった。果たしてそのことを考えて、伊勢に移されるようになったのかどうかは分からないが、大和から伊勢に移された意味は大きかった。

そして、伊勢にたどり着くまでに、天照大御神が祀られた場所は、「元伊勢《もといせ》」と呼ばれるようになる。この元伊勢にあたる場所は、『日本書紀』では4つの場所だったわけだが、平安時代初期の延暦23（804）年に神祇官《じんぎかん》に提出された『皇太神宮儀式帳《こうたいじんぐうぎしきちょう》』では、倭姫命の経巡った場所が増え、中世に成立した「神道五部書」の一つ、『倭姫命世記《やまとひめのみことせいき》』になると、さらにその数は増えていった。『倭姫命世記』では、笠縫邑から現在地まで、途中23カ所をめぐったことになっている。

第1章でも見たように、宇佐八幡宮の場合にも、現在地に落ち着くまでに、何度か遷座がくり返されている。それだけ、鎮座するにふさわしい場所を探すことが難しいのかもしれないが、日本の神々のあり方を考える上で注目される現象である。

天照大御神自体は、ずっと高天原にいて、地上には降臨していない。代わりに瓊瓊杵尊が地上に遣わされた。そのため、天照大御神は日本の国のなかに深い結びつきをもつ場所をもっていない。それは逆に、どこに祀ってもいいことを意味する。ただそうなると、鎮座すべき場所を定める上で迷いが生じる。遷座がくり返されたのも、そうしたことが関係するのかもしれない。

伊勢神宮が、実際にいつ創建され、いつ社殿が建てられるようになったのか、歴史的な事実は必ずしも明らかになっていない。式年遷宮がくり返されてきたため、古い社殿が残っているわけではないし、その性格上、境内地で大規模な発掘が行われているわけではない。

ただ、最初は天照大御神を祀る内宮の方しかなく、外宮はなかった。外宮の創建については、雄略《ゆうりゃく》天皇の夢に天照大御神があらわれ、「吾れ一所のみ坐すはいと苦し、しかのみならず大御《おおみ》饌《け》も安く聞こし召さずがゆえに、丹波国比治《たんばのくにひじ》の真奈井《まない》に坐す我御饌都神《みけつかみ》、等由気大神《とようけのおおかみ》を、我が許に連れて参れ」と指示したと記されている。自分一人では苦しいし、食事をとることもままならない。そこで、丹波の国比治の真奈井にいる、自分に神饌を供えてくれる神、等由気大神を連れてきてくれというのである。

ここで言う等由気大神が豊受大御神のことであり、外宮に祀られた。そして、内宮の天照大御神の神饌を司る役割を果たすことになり、穀物神としての性格をもつようになっていく。

古代天皇で伊勢神宮に行幸したのは持統天皇だけ

雄略天皇は5世紀に在世した天皇とされるが、この記事を載せている資料は外宮に伝わる『止由気宮儀式帳』というもので、これは延暦23（８０４）年に、外宮の禰宜《ねぎ》である五月麻呂《さつきまろ》から神祇官に提出されたものである。したがって、どの程度史実を正確に反映したものなのかは分からないが、外宮の性格がいかなるものかはそこに示されている。

外宮に祀られた神は、あくまで内宮に祀られた天照大御神に仕える役割を負っていた。それは現在にも影響しており、伊勢神宮と言えば内宮という感覚があるし、外宮に参拝してから内宮に参拝するという慣習も成立している。

ここで興味深いのは、天皇と伊勢神宮との関係である。伊勢神宮に皇室の祖先である天照大御神が祀られている以上、代々の天皇は伊勢神宮に参拝していてもおかしくはないのだが、事実は違う。ただし、近代になるまで天皇が直接神社の社殿におもむいて参拝することはなかった。近くまでは行くが、参拝は家臣に任されるのである。したがってそれは「行幸《ぎょうこう》」と表現される。

古代の天皇のなかで、伊勢に行幸した天皇はたった一人しかいない。

『日本書紀』によれば持統天皇6年、持統天皇は伊勢へ行幸することを発表する。ところが、三輪朝臣高市麻呂《みわのあそみたけちまろ》という家臣の強硬な反対にあう。行幸すれば農事を妨げることになるというのだ。それでも持統天皇は行幸を強行してしまう。

三輪朝臣は、その名が示すように大神神社の神主の家の人間である。彼は、天皇が伊勢に行幸すれば、朝廷の祭祀の中心が大神神社から伊勢神宮へ移ってしまうことを恐れたのであろう。三輪朝臣はそのとき中納言直大弐《ちょくだいに》で、従四位上に相当する冠位だったが、それを返上してまで行幸を止めようとした。ただ、実際に冠位を返上したのかどうかは、記録がないので分からない。

そもそも『日本書紀』に記されたことが事実とは限らないわけだが、天皇の伊勢への行幸が強硬な反対にあったという話は注目に値する。というのも、それ以降、代々の天皇は伊勢に行幸してはいないからである。古代だけではなく、中世においても近世においてもそうだった。持統天皇の次に行幸したのは明治天皇である。

天皇の代理として皇室の女性が伊勢神宮に奉仕した斎宮制度

なぜ代々の天皇は伊勢神宮を訪れることがなかったのか。それは一つの謎であり、そこには興味深い事実が隠されている可能性があるが、明確な理由は判明していない。どこかにそれを忌避する感覚があったように思われる。

天皇が行幸しない代わりに、伊勢神宮には、「斎宮《さいぐう》」の制度が設けられた。これは、内親王や女王といった皇室につらなる女性が選ばれ、潔斎《けつさい》（神事の前に酒肉などの飲食を慎んで心身を清めること）を行いながら神事の際に奉仕する制度である。それは、伝説上の斎宮を除けば、天武天皇の娘である大来皇女《おおくのひめみこ》にはじまる。松阪市と伊勢市にはさまれた多気郡明和《めいわ》町には、斎宮の居住した宮殿とその役所である斎宮寮の跡が残されている。

この斎宮の制度は南北朝時代に廃絶されてしまった。それまでこの斎宮が常駐していたために、天皇の行幸を必要としなかったとも考えられる。伊勢への行幸に相当な費用がかかることが、それが行われなかった理由だという説もあるが、果たしてそれだけが理由だろうか。

斎宮の制度とともに伊勢神宮に特徴的なのが、今年平成25（2013）年にも行われた「式年遷宮」の制度である。伊勢神宮では、20年に1度遷宮が行われ、社殿が一新されるということは広く知られている。

遷宮は伊勢神宮の専売特許のように思われているが、実は、ほかの神社においても遷宮が行われてきた。延長5（927）年に定められた律令の施行細則に『延喜式』があるが、そこでは、伊勢神宮のほかに、摂津の住吉大社、下総の香取神宮、常陸《ひたち》の鹿島神宮など主だった神社では20年に1度遷宮を行うことが定められている。

次の章では、出雲大社の遷宮についてふれることになるが、葵祭《あおいまつり》で名高い京都の上賀茂《かみがも》神社でも遷宮が進行中である。ただし、出雲大社や上賀茂神社の場合には、伊勢神宮のように社殿が一新されるわけではなく、屋根の葺《ふ》き替えなど、修理や修繕が中心である。

なぜ遷宮が行われるのか

なぜ遷宮が行われるのか。それについては、さまざまな説が出されている。

一つの理由は、老朽化である。私は、遷宮が行われる前年に伊勢神宮を訪れたが、たしかに茅葺きの屋根は相当に傷んでいて、痛々しいくらいだった。少なくとも、20年に1度屋根を葺き替える必要があることは間違いない。

社殿の内部の老朽化については、宗教学者の山折哲雄から聞いた話がある。山折は、前回平成5年の遷宮の際には、「火《ひ》焚《た》きの翁《おきな》」の役割を担った。火焚きの翁は、『日本書紀』などに登場し、日本武尊と対話を行ったりする存在だが、現代では内宮での遷宮の儀式である「遷御の儀」の際に、正殿の内庭で「庭燎《にわび》」と呼ばれるかがり火を焚く役割を果たす。遷御を見守る役割と考えていいだろう。

山折は、その日の昼間、旧い正殿の建物をすべて見学する機会を与えられたが、内部は朽ち果ててぼろぼろになっていたという。山折は、それを見て、遷宮の必然性を理解したと語っていた（『日本人の「死」はどこにいったのか』朝日新書）。

しかし、伊勢神宮以外の神社では、20年で社殿を建て替えるところはない。しかも、旧い社殿で用いられていた古材は、捨てられてしまうのではなく、リサイクルされている。たとえば、正殿の棟持柱《むなもちばしら》は削り直されて、これも掛け直される宇治橋の鳥居の柱に用いられる。ほかの古材も、別の神社で使われている。

たんに老朽化が理由なら、社殿をもっともたせる工夫はいくらでもできるだろう。実際、ほかの神社の社殿は、どこも20年以上もっている。それでも伊勢で遷宮が行われるのは、もっと別の理由による可能性がある。

かつて伊勢神宮に勤務した経験をもつ神道学者の櫻井勝之進《かつのしん》は、建物が朽ちることが遷宮の理由ではなく、神に新しい宮殿を捧げる「新宮遷り」ということ自体が目的になっていると述べている。「みずみずしい松の新芽ともいうべき新宮を周期的に造営し、そこに大神の神威《かむい》の輝きを仰ぐ」ことこそが遷宮の目的だというのである（『伊勢神宮』学生社）。

死と再生は、さまざまな宗教において見られる重要な事柄である。キリスト教のイエス・キリストについても、その十字架上での死と、墓からの甦りということが決定的に重要な意味を担っていた。それは、最後の審判における人類全体の救いを予言するものと解釈された。古代においては、それぞれの民族で語られる世界のはじまりについて語った創世神話を、新しい年のはじめに儀式として演じたと言われている。

伊勢神宮の遷宮には、社殿を一新することによって、神を、さらには世界を再生させる意味があると考えられる。しかも、伊勢神宮の内宮に祀られた天照大御神は、稲の稔《みの》りをもたらす上で決定的に重要な太陽神であり、外宮に祀られた豊受大御神は、穀物神であり、稲の神そのものなのである。

稲は、秋に稔りをもたらすとともに、そこで死に、翌年の春にその実から新たに稲が育っていく。そこには、死と再生のくり返しがあり、遷宮はまさにその過程を象徴している。

あるいは、古代においては、伊勢神宮にも社殿がなく、祭を行うたびに臨時の祭場が設けられ、祭が終わるとそれが撤去されていたのかもしれない。祭場もまた死と再生をくり返していた。その名残が遷宮という形をとっているのかもしれない。

初期は20年ではなく19年に1度行われていた遷宮

伊勢神宮の遷宮はいったいいつから行われるようになったのだろうか。一般には、天武天皇14年に式年遷宮の制度が定められ、その娘である持統天皇の4年に内宮の遷宮が行われ、同6年に外宮の遷宮が行われたとされている。

ところが、この事実は、『日本書紀』をはじめ、同時代の資料にはまったく出てこない。はじめてこれについて述べているのは、平安時代末期に編纂された伊勢神宮の記録『太神宮諸雑事記』である。これは院政期までに成立したとされている。院政期のはじまりは11世紀後半である。

なぜ『日本書紀』に式年遷宮のことが出てこないのであろうか。それは、天皇の内々の神事と認識されたためという説も出されているが（たとえば、岡田莊司編『日本神道史』）、天皇は日本の支配者であり、神につらなる特別な存在である。それでも、内々の神事という形で国の祭事と区別できるのだろうか。

後世の記録しかない以上、伊勢の遷宮は、持統天皇の時代にはじまったのではなく、もっと遅くにはじまった可能性も考えられる。今のところ、遷宮の本当のはじまりの時期を特定することはできないが、あるいははっきりとした年月を定めないまま、必要におうじて、社殿の改築なり、新築が行われていたのではないだろうか。必ずしも遷宮は、はるか古代からくり返されてきたものではないのかもしれない。

平成24年4月には、外宮の第一鳥居の手前に、「式年遷宮記念　せんぐう館」が建てられ、その内部には外宮正殿の4分の1の部分の原寸大再現模型なども展示されている。そのなかに、これまでの遷宮の記録についてのパネル展示もあるが、それを見ていくと興味深い事実を知ることができる。

初期の記録にかんしては、信憑性があるかどうか問題があるわけだが、一つ注目されるのは、遷宮が20年に1度ではなく、19年に1度ずつ行われていた点である。しかも、内宮と外宮の遷宮は一緒には行われず、そこには2年のずれがあった。内宮の遷宮を終えてから、その2年後に外宮の遷宮が行われるという形をとっていた。

ただ、正殿が火災にあって焼失するようなこともあり、そのときには臨時の遷宮も行われた。そして、室町時代に入る14世紀半ばまでは19年ごとに遷宮がくり返されていった。理由は分からないのだが、その後は20年ごとに変わる兆しが見えるようになる。

ところが、応仁元（１４６７）年には、戦国時代に突入するきっかけとなる応仁の乱が起こる。この戦乱は十数年にわたって続き、京の都が主たる戦場になったため、その全域が壊滅的な被害を受けた。それによって、室町幕府の力も衰え、朝廷も甚大な被害を受ける。

129年にわたって途絶えた遷宮

それは遷宮にも影響を与えた。内宮については、応仁の乱の5年前、寛正3（1462）年に第40回の遷宮が行われたが、その次の第41回の遷宮は、それから123年後の天正13（1585）年になってしまう。外宮となると、永享6（1434）年に第39回が行われた後、第40回は永禄《えいろく》6（1563）年で、129年もの間隔があいてしまった。

正殿は、20年でも相当に老朽化してしまうのだから、120年以上ももつわけがない。内宮の第40回遷宮から30年が経過しようとしていた延徳3（1491）年には、破損が著しいので、本格的な遷宮はともかく、仮の遷宮を行う必要があるという上申書が、禰宜から出されている。

どうも、この願いさえかなわなかったようで、第41回の遷宮が行われるまでの85年間にわたって、内宮の正殿は消滅していた。外宮については情報がないが、おそらく同じような状態にあったことだろう。織田信長や豊臣秀吉が天下を統一し、造営料を寄進するまで、120年以上にわたって遷宮は長く途絶えた。これは、伊勢神宮にとっての最大の危機だった。

せんぐう館を訪れた折には、この事実を確認してほしいが、残念ながら遷宮が途絶えていた

伊勢神宮正殿

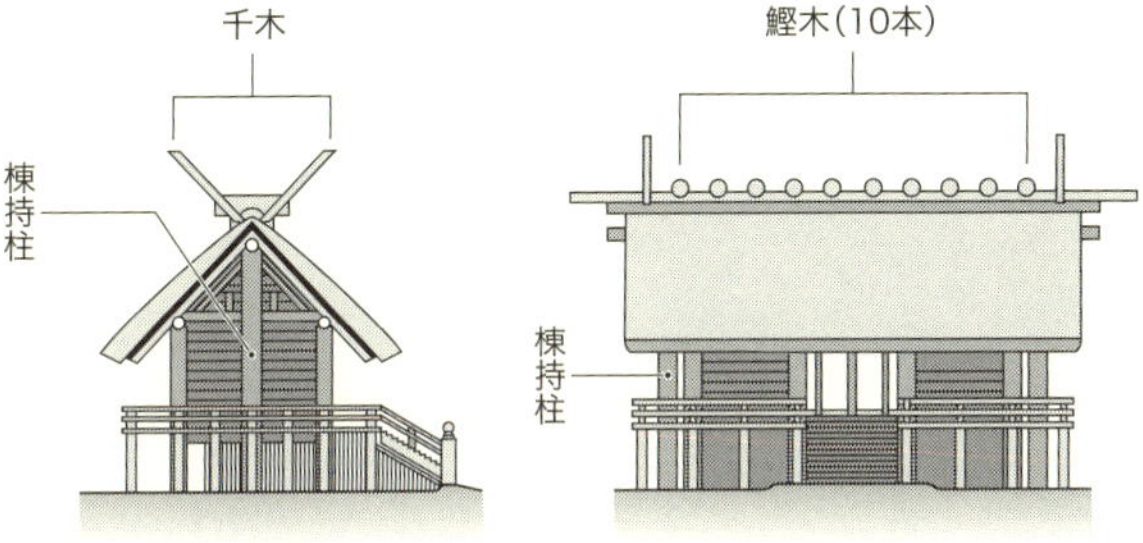

側面(内宮)　正面(内宮)

時代について詳しいことは説明されていない。伊勢神宮が地上になかった時代があるとは、大きな驚きだが、式年遷宮を続けていくということは並大抵のことではないのである。

しかも、遷宮が再開されてからほどない16世紀半ばから後半にかけて作られたものと考えられる神宮徴古《ちょうこ》館農業館所蔵の「伊勢参宮曼荼羅」を見ると、正殿のあるべき場所には二棟の社殿が並んで建っている。

現在の正殿は、神明づくりという伊勢神宮独特の建築様式で、屋根の千木《ちぎ》と鰹木《かつおぎ》とともに、大きな棟持柱を特徴としているが、そこに描かれたものには、千木と鰹木はあっても棟持柱はない。しかも、社殿の柱は朱塗りになっている。説明を聞かなければ、この絵を見て、伊勢神宮を描いたものと思う人はいないはずだ。

「伊勢参宮曼荼羅」に描かれた伊勢神宮は、要するに一般の社寺と同じ形態になっている。ただ、これが当時の実際の姿を描いたものなのかどうかは分からない。というのも、まだ南北朝時代の14世紀、つまりは応仁の乱の前に描かれた奈良正暦《しょうりゃく》寺所蔵の「伊勢両宮曼荼羅」になると、朱塗りではなく、白木づくりで、しかも、今日と同じように正殿と二棟の宝殿が建ち並ぶ形で描かれているからである。やはり棟持柱はないのだが、私たちの知る伊勢神宮に近い形になっている。

この点について詳しくは、拙著『神も仏も大好きな日本人』と『聖地にはこんなに秘密がある』で述べたので、そちらを参照していただきたいが、現在の建物が古代の様式をそのまま今日に伝えるものなのかどうかについては、検討の余地がある。

しかも、「伊勢両宮曼荼羅」を見てみると、それは内宮を描いたものと外宮を描いたものの二幅《ふく》からなっているが、どちらにも仏法の守護神である四天王の姿が描かれている。さらに、内宮には山神、外宮には天女の姿も描かれており、外宮には弘法大師空海の姿も見える。そして、「法楽舎《ほうらくしゃ》」と記された建物も登場する。

伊勢神宮の神仏習合時代の事情

伊勢の地には、京都の醍醐寺三宝院《さんぼういん》の僧侶であった通海《つうかい》という僧侶が継いだ法楽寺という真言宗の祈禱所があり、法楽舎は、伊勢神宮の境内に設けられたその末寺だった。

　現在の伊勢神宮の境内を隅々までめぐっても、仏教関係の建物に遭遇することはないが、神仏習合が当然だった中世の時代においては、護摩を焚く真言宗の祈禱が伊勢神宮でも実践されていた。

　神仏習合の時代には、それぞれの神社には、神宮寺が設けられることが多かったが、伊勢神宮もその例外ではなかった。『続日本紀』の天平神護2（766）年7月23日の条には、「使い遣して丈六仏像を伊勢の大神宮寺に造らしむ」と記されている。伊勢神宮にも、かつては、大神宮寺という神宮寺が存在したわけである。

　ただ、伊勢神宮の場合には、一方に、神仏を隔離しようとする意識が働いていた。そのため、いったん作られた神宮寺は、宝亀《ほうき》3（772）年8月には、そこから西に離れた飯高《いいたか》郡度瀬《わたらせ》山（現在の松阪市など）に移され、その8年後には、さらに遠くへ移すよう命じられている。

　平安時代に入ると、いっそう仏教に関係する事柄を避ける傾向が強くなり、仏教用語が別の表現に改められたりした。そして、僧侶や念珠などをもつ信仰者は神前に参ることができなくなり、二鳥居までしか行けなくなった。

　たとえば、鎌倉時代に、東大寺の再興に力を尽くした重源《ちょうげん》が、夢で、自分を助けてほしいと言う天照大御神からの託宣を受け、東大寺の僧侶が集団で伊勢神宮に参拝したときにも、彼らは目立つことを恐れ、夜陰《やいん》に紛れて外宮の周囲を囲む瑞垣《みずがき》の近くで参拝している。

あるいは、時宗《じしゅう》を開いた一遍《いっぺん》の直弟子にあたる他阿真教《たあしんきょう》が、正安3（1301）年に伊勢参宮を行ったときの絵が、「遊行上人縁起絵《ゆぎょうしょうにんえんぎえ》」に描かれているが、彼らはやはり鳥居の前で参拝していて、社殿近くまでは進んでいない。

ただ、伊勢神宮が全面的に仏教を拒否したかと言えば、そうではない。すでに見たように、南北朝時代には、境内に真言宗の祈禱所があった。また、伊勢神宮につかえる神官も、自分個人の救済を願うには仏教に頼るしかなかった。

伊勢神宮の東北の方角には、朝熊ヶ岳《あさまがたけ》という山があり、そこには金剛證寺《こんごうしょうじ》という寺がある。現在は、臨済宗南禅寺派《りんざいしゅうなんぜんじは》に属してはいるものの、中興の祖は弘法大師空海であり、実質は密教系の寺院である。この寺は、神宮の鬼門《きもん》にあたる丑寅《うしとら》の方角にあることから、人々の信仰を集めるようになり、「伊勢へ参らば朝熊を駆けよ、朝熊駆けねば片参り」とさえ言われた。金剛證寺に参拝しなければ、本当の意味での伊勢参りにはならないというわけである。

金剛證寺のある朝熊ヶ岳からは戦後、経筒《きょうづつ》（教典を土中に埋納する際におさめる筒）が発見されているが、それは内宮の神官である荒木田氏と外宮の度会氏が、現世や来世の安穏を願って、『法華経』を埋納したものであった。

本地垂迹説で、観音菩薩にも大日如来にもなった天照大御神

神仏習合ということは、天照大御神の神としてのあり方にも影響を与えていく。神仏習合の考え方を理論化したものが本地垂迹説であり、日本の神々は仏教の仏が地上にあらわれたものだという説が唱えられ、それぞれの神には特定の本地仏が定められていくが、11世紀のはじめには、天照大御神の本地仏を観音菩薩とする信仰が成立する。その背景には、観音菩薩を太陽の化身である「日天子《にってんし》」とする信仰があった。

さらには、それに少し遅れて、天照大御神の本地仏を大日如来とする説も生まれる。それも、大日如来が天照大御神と同様に太陽神としての性格をもつからだが、すでに見たように密教の信仰が伊勢神宮にも浸透したことが影響していた。皇祖神である天照大御神が大日如来の垂迹であるなら、密教の信仰が伊勢信仰に組み込まれるのは当然である。

さらにそうした考え方からは、「両部神道《りょうぶしんとう》」の思想が唱えられるようになる。ここで言う両部とは、胎蔵界と金剛界のことであり、伊勢神宮の内宮は胎蔵界にたとえられ、外宮は金剛界にたとえられた。そして、醍醐天皇に仮託された『麗気記《れいきき》』をはじめとして、両部神道の理論書がつぎつぎと生み出されていった。

こうした神仏習合の体制は、明治のはじめの神仏分離と廃仏毀釈によって根本から崩されることになり、その痕跡は現在の伊勢神宮には見出せなくなっているが、伊勢神宮に対する信仰

が広がりを見せる上で、この点はかなり重要な役割を果たした。

代わりに犬に伊勢への参拝をさせた代参の時代もあった

伊勢神宮では、古来から「私幣禁断《しへいきんだん》」という禁令があり、天皇、皇后、皇太子以外の人間が私的に奉幣を捧げることは禁じられてきたとされている。ただし、これについては明確な規定があるわけでもなく、歴史的な資料でたどることもできない。しかも、奈良時代の終わりには、親王たちが病気平癒のためにに伊勢神宮に向かったという記事が、『続日本紀』に出ている。

朝廷の力が衰え、自分たちだけでは経済的に支えられなくなると、伊勢神宮の信仰はより広い層に開かれていくようになる。たとえば、鎌倉幕府を開いた源頼朝は、伊勢神宮に寄進を行っただけではなく、奉幣を捧げ、祈願を行っている。室町時代にも、足利家の将軍たちは代々伊勢神宮に参拝している。そして、神仏習合の信仰が広がりを見せるなかで、僧侶たちも、参拝の仕方に制限はあったものの、積極的に伊勢神宮に参拝するようになった。

伊勢神宮への参拝を広める上で大きな役割を果たしたのが、「御師《おんし》」という存在である。御師が最初に生まれたのは平安時代の中期とされるが、彼らは貴族の祈願や奉幣を神宮に取り次ぐ役割を果たした。貴族は京都に住んでおり、伊勢に参拝するのは容易ではなかった。すでにふれた参宮曼荼羅などの場合にも、それは伊勢に参拝するためのガイドであるとともに、それを掲げ、その前で礼拝することで伊勢に参拝した代わりにしようとしたのである。

御師が取り次ぐ奉幣は、やがて京の貴族から地方の地頭や名主などにも及び、武士の時代に入ると、武士階級にまで広がっていく。

このようにして御師を媒介にして伊勢神宮への参拝が一般化していくと、それは「伊勢参り」と呼ばれるようになり、信仰活動としての重要性を増していく。それに伴って、内宮は商業の神、外宮は農業の神としての性格を強く示すようになり、皇祖神を祀る神社から現世利益を与えてくれる信仰施設としての性格をもつようになっていく。

集団で伊勢神宮に参拝する習慣も生まれ、江戸時代に入ると、伊勢参りは相当に盛んなものになっていく。そこには、社会が安定することによって、江戸などから伊勢に至る街道などの交通網が整備されたことや、道中の安全が確保されるようになったことが関係していた。

参詣する側も、「伊勢講」のような組織を作るようになる。伊勢参りをするためには、かなりの費用がかかるため、伊勢講では講員が一定の額を出し合って、それを貯め、毎年籤《くじ》で参拝者を決めた。面白いのは、自分には参拝の費用が捻出できないために、犬に「伊勢参宮」という木札と銭の入った袋をくくりつけて送り出す方法がとられたことであった。これも、代理で参拝する「代参《だいさん》」の一種になるわけだが、犬が参拝を済ませて無事に戻ってきたという話も伝わっている。

何度も起こった伊勢参拝ブーム「お蔭参り」

ただ、伊勢参りに赴く人々が、純粋に信仰からそうした行動に出たかと言えば、怪しい面がある。何しろ外宮と内宮の間にある古市《ふるいち》には遊郭が建ち並んでいたからである。当時の川柳に、「伊勢参宮大神宮へも一寸寄り」というものがあった。古市に行くことが伊勢へ行く本当の目的だと言うのである。

現在では、この古市の遊郭はなくなったものの、平成5年の遷宮の際に、名物の赤福餅《あかふくもち》を製造する会社・赤福の手によって「おかげ横町」という観光スポットが作られ、多くの観光客を集めている。今回の遷宮に際しては、外宮の方にも赤福が店を出しており、外宮周辺の観光地化が進む気配を見せている。現代でも、おかげ横町を訪れることを主たる目的にしていて、「伊勢参宮大神宮へも一寸寄り」という人々も少なくないのではないだろうか。

現代ではそういうことは行われていないが、江戸時代に生まれた習俗に、「お蔭《かげ》参り」というものがあった。これも伊勢参りの一種になるが、伊勢講との決定的な違いは、参拝のためにいっさいの準備をしないことにあった。寸前まで働いていたり、家事をしていた人間が、いきなりそれを中断し、そのままの恰好で伊勢参りに出かけてしまうのである。そのため、お蔭参りは「抜け参り」とも呼ばれた。

これは、突発的な現象で、職場放棄にもあたるわけだが、それが信仰にかかわるものであったために、店の主人などは奉公人のお蔭参りを止めることができなかった。

しかも、伊勢神宮へと至る街道に住んでいる人々は、お蔭参りをする人たちに対して食事や銭を布施した。伊勢参りには、白衣を着て、ござや柄杓《ひしゃく》をもっていくことになっていたが、それも恵んでもらえたのである。だからこそ、お蔭参りが可能になったわけだが、施しをする側にはそれだけで功徳がもたらされるという信仰があった。

最初のお蔭参りは、慶安３（１６５０）年に起こる。そのきっかけは江戸の商人にあったとされ、このときには、箱根の関所を一日に数百人通過していき、いちばん多いときにはそれが２１００人にのぼったとされる。それについては、『寛明《かんめい》日記』という資料に出てくる。

これ以降、江戸時代には何度かお蔭参りのブームが起こり、それはほぼ60年に1度の周期でめぐってきたが、正確に60年ごとだったわけではないし、その頃には20年に1度と定まった遷宮に連動していたわけでもない。

2度目のお蔭参りは、慶安《けいあん》3年の55年後、宝永《ほうえい》２（１７０５）年に起こる。宝永年間には、各地の火山が噴火し、富士山までが大噴火を起こすが、お蔭参りはその前に行われている。このときには、３００万人を超える人々が伊勢に参ったとされる。本居宣長《もとおりのりなが》が著作のなかでそのように記してもいるが、それが事実であるなら、当時の人口約３０００万人の1割以上がお蔭参りに加わったことになる。

その後、宝永2年の66年後、明和《めいわ》8(1771)年と、さらにその59年後の文政《ぶんせい》13(1830)年にもお蔭参りが起こり、それぞれ200万人と457万人が加わったとも言われている。

「お伊勢さん」から「皇祖神を祀る侵しがたい場所」へ

なぜこうした現象が起こったのか、それを解明しようとする試みもなされているが、今のところ謎が解けているとは言いがたい。江戸時代は、政治的には安定が長く続いた時代であり、その安定に飽きた人々が、熱狂的な信仰行為を求めたのかもしれない。

こうした伊勢参りの習慣は、伊勢神宮の存在を一般庶民にとって身近なものにすることに大いに貢献した。そのときの伊勢神宮は、天皇の祖先神を祀る神聖な場所であるというよりも、人々の素朴な願いをかなえてくれるありがたい存在であったはずである。

ところが、明治時代になり、近代に入ると、政府は、神道を宗教の枠には入らない国民道徳としてとらえ、それを国民全体に浸透させようとした。その際には、伊勢神宮は、庶民的なお伊勢さんではなくなり、皇祖神を祀る侵しがたい場所としてとらえられるようになる。

そこに祀られた天照大御神と現実の天皇との密接な関係が強調されるようになっていく。軍隊が集団で参拝し、境内を埋め尽くすようなこともあり、そこは近代天皇制の象徴、さらには軍国主義の象徴としての役割を担うようになっていく。

それも、中世から近世にかけて、伊勢神宮の信仰や伊勢参りが庶民層にまで広がっていたからこそ可能だったことである。そして、戦後、神道の信仰が強制されることがなくなったことで、ふたたび伊勢神宮はお伊勢さんとしての側面を強く打ち出すことになっていく。

ただ、現在の伊勢神宮のあり方は、長く続いた神仏習合の信仰をいっさい排除したものである。古代から今の形態のままずっと保たれてきたわけでもない。そのイメージが形成されたのは、それほど昔からのことではない。かつて85年にわたって、内宮の正殿が消滅していたことに思いをはせれば、今ある姿も少し違ったものとして見えてくるのではないだろうか。

【この章の主な参考文献】
・別冊太陽『伊勢神宮　悠久の歴史と祭り』平凡社
・櫻井勝乃進『伊勢神宮』学生社
・西垣晴次『お伊勢まいり』岩波新書
・三好和義他『伊勢神宮』淡交社

第5章 出雲

――国造という名の現人神神主の圧倒的存在感

御神体が何なのか明らかにされていない出雲大社

平成25（2013）年には、60年ぶりに出雲大社の遷宮が行われた。国宝に指定された本殿の屋根の葺き替えが主で、工事費はおよそ80億円である。同じ年に行われた伊勢神宮の遷宮では570億円がかかっており、それに比べれば費用は少ないが、出雲大社の遷宮も大事業であることに代わりがない。

修理が行われている間、祭神は本殿から仮殿《かりどの》に移されていた。仮殿は、それまで拝殿として使われていたもので、遷宮が終われば、また拝殿としての役割を果たすようになる。

私は、修理が行われている間、一度だけ出雲大社を訪れたことがあるが、何となく仮殿からは神の気配を感じなかった。これは、私のたんなる思い込みにすぎないかもしれないが、そのことは出雲大社の本質に関連する。

遷宮の作業が進められるなかで、実は私たちに、出雲大社の秘密が明らかになる機会がめぐってきた。

出雲大社では、作業の進行にあわせて、修理中の屋根を公開するなど、毎年一度、「特別拝観」を行ってきた。私はそのことを後になって知り、後悔したのだが、平成20年の特別拝観では、拝観者は社殿の内部をのぞき見ることができた。

出雲大社の社殿は八丈の高さがある。それは24メートルに相当し、これだけの高さを誇る神社建築はほかに存在しない。出雲大社は日本一大きな神社である。

その出雲大社の建築様式は、「大社造《たいしゃづくり》」と呼ばれ、大きな階段と高床を特徴としている。本殿の内部には9本の柱があり、中央にあるもっとも太い柱は「心御柱《しんのみはしら》」と呼ばれる。その心御柱と右中央の側柱の間は板で仕切られていて、仕切りの奥には「神座《しんざ》」が設けられている。

もちろん、普段出雲大社を訪れても、この内部の様子を見ることはできない。現在、本殿の内部に入ることができるのは、「出雲国造《いずものくにのみやつこ》（くにのみやつこ・こくそう）」と呼ばれる出雲大社の神職だけである。

ところが、平成20年夏の特別拝観のときには、工事の関係で、壁が取り払われ、内部をのぞき見ることができた。そのときに拝観した人が、ブログなどでそのことを記している。奥にある神座は社になっていて、それは本殿の4分の1を占めていた。畳にすると15畳ほどの広さである。

通常の神社では、本殿のなかには御神体が祀られている。前の章でふれた伊勢神宮の御神体は八咫鏡である。ほかの神社でも、鏡や御幣が御神体となっている。ところが、出雲大社では、本殿のなかにさらに社があり、二重構造になっている。社となった神座のなかに、何が祀られているのかまでは分かっていない。おそらく、それを知っているのは出雲国造だけだろう。

本殿の内部にさらに社があるということは、そこは御神体をおさめる場所ではなく、何らかの祭儀が行われた場所であることを示している。

実際、本殿の内部で祭儀が行われたことを示す図と絵が残されている。図の方は、江戸時代に出雲大社で神職をつとめていた佐草自清《さくさよりきよ》という人物が書いた『出雲水青随筆《いずもみつはるずいひつ》』にある「本社《ほんしゃ》御供之圖《ごくのず》」である。その図を見ると、「御内殿」と書かれた神座の前には、国造の座が設けられ、その前には机があって、飯、酒、菓子が供えられている。これは、国造自身が神として祭祀の対象になっていた可能性を示している。

もう一つは、国造である千家《せんけ》が明治時代に創設した教派神道の教団、出雲大社教が所蔵する「本殿内および座配の図」で、こちらは近世のものである。

その絵では、衣冠束帯《いかんそくたい》姿の国造とおぼしき人物が、心御柱と左の側柱の奥に正面を向いて座っており、その前には、やはり衣冠束帯姿の12人の神職が左右の列に分かれて座っている。これも、国造が祭祀の対象になっていたことを示している。

祭儀の対象になるということは、国造が神と等しい存在であることを意味する。だからこそ、ほかの神職から供応を受けていたわけである。国造は、神が人の姿をとってあらわれた現人神《あらひとがみ》であるとも言える。現在でも、国造だけは本殿の内部に年間13回入ることが許されている。その際に、いったいどういう形で祭祀を行うのか、それはまったく分かっていないが、そこにも国造の特殊な性格が示されている。

2家からなる出雲大社の神主・出雲国造

神としての扱いを受けていた出雲国造とはいったいどういう存在なのだろうか。

現在では、国造と言えば、神職というイメージが強い。実は、国造は出雲だけに限られない。出雲のほかに、今でも紀伊《きの》国造《くにのみやつこ》と阿蘇《あそ》国造《くにのみやつこ》が古代から代々受け継がれ、それぞれ日前宮《にちぜんぐう》(日前《ひのくま》神宮・國懸《くにかかす》神宮の二社を祀る)と阿蘇神社の祭祀を司っている。

本来の国造は、それぞれの地域の支配者であり、豪族であった。地方の豪族が大和朝廷によって国造と定められたとも言える。ただし、大化の改新以前には、国造は、それぞれの土地を支配するとともに、祭祀を司っていた。そのあり方は、日本に限らず、世界の各民族に君臨した「祭祀王」と言えるものである。それが、大化の改新以降になると、政治上の権力は朝廷から派遣される国司に奪われ、もっぱら祭司を担うようになっていく。祭祀王が、ただの祭司となったわけである。

しかし、それでも出雲国造のあり方は、通常の神主、神職とは異なっている。

出雲大社の国造の家は、現在では二つに分かれている。出雲大社の本殿の西側には、すでにふれた千家があり、東側にはもう一つの北島家がある。千家と北島家はもともと一つの家だったが、14世紀の半ばに二つに分かれた。千家の方が本家で、北島家は分家の立場にある。両家は年間の祭祀を分担しているが、社殿を新築する際の釿始《ちょうなはじめ》、柱立《はしらだて》、棟上《むねあげ》、あるいは遷宮といった重要な祭儀については本家である千家が担当する。

出雲国造において特徴的なのは、「火《ひ》継《つぎ》式」という特別な祭儀の存在である。国造は、その地位を引き継いでから亡くなるまで、屋敷のなかにある「斎火《さいか》殿《でん》（お火所）」という場所で神火を灯し続け、この神火で調理したものだけを食べる。家族であっても、それを口にできない。

この神火は、国造の地位を継承する際に新たに鑽《き》り出したものである。先代の国造が亡くなると、その後継者となる人間は、古代から伝えられてきた火《ひ》鑽臼《きりうす》と火《ひ》鑽杵《きりきね》をもって国造の住居である国造館《こくそうやかた》を出発し、八《や》束《つか》郡にある熊野大社（北島家では神魂《かもす》神社）へ向かう。そこに祀られた熊野神は、もともと国造が祀っていたものとされる。新たに国造となる者は、熊野大社の鑽火殿で、もってきた臼と杵を使って神火を鑽り出してくるのだ。

興味深いのは、先代の国造の葬り方である。神火《じんか》を鑽り出すことで、先代の国造から新しい国造への継承がなされたと見なされるが、昔は、その知らせが国造家にもたらされると、先代の国造の遺体は赤い牛に乗せて運び出され、出雲大社の東南にある菱根の池に水葬されたという。この池は今はない。そして、墓は作られなかった。墓が作られないのは、国造はその祖先である天穂日命《あめのほひのみこと》と一体であり、永遠に生き続けるものと考えられているからだ。

出雲国造と大国主神

江戸時代の儒学者である林羅山《はやしらざん》の林家が編纂した編年体の歴史書に『本朝通鑑《ほんちょうつがん》』があるが、その編輯《へんしゅう》日記である『国史館《こくしかん》目録』には、「出雲国造家では父死して後嗣《こうし》（後継ぎ）が国造になっても、その族はこのために哭《な》く者なく、いずれも新国造の襲職を賀す、子は父の葬に会することなく服忌《ぶっき》がない」と記されている。これは、出雲国造は永遠の存在であり、肉体はあくまで仮のものにすぎないことを意味している。

出雲国造の第82代当主だった千家尊統《せんけたかむね》は、火継式から思い当たるのが天皇の大嘗祭であると述べていた。大嘗祭では、代々の天皇に宿るとされる天皇霊が先代の天皇から新しい天皇に受け継がれていくという説がある。絶やしてはならないとされる神火は国造の魂の象徴であり、火継式は実は国造の霊が継承される霊継式《ひつぎしき》なのだというわけである（『出雲大社』学生社）。

このように、出雲国造という存在は特別なもので、神秘のヴェールに包まれている。しかも、火継式は現代にまで受け継がれ、今の国造も厳格に神火を守り続けている。最近も、その様子が背後からの一部ではあるがテレビで放送された。私はそれを見て感銘を受けた。かつて祭儀の対象になっていたことを含め、国造は限りなく神に近い存在なのである。

ただし、出雲国造そのものが出雲大社の祭神であると言うわけではない。祭神は、記紀神話に登場する大国主神である。

大国主神とは、偉大なる国の王の意味であり、天照大御神のいる高天原に対して、地上を意味する葦原中津国《あしはらのなかつくに》の支配者である。大国主神の特徴は、数多くの異名をもつことにある。それを挙げれば、次のようになる。

大穴《おおな》牟《む》遅神《ちのかみ》（大穴持命《おおあなもち》・大己貴命《おおなむち》）—若い頃の名前
大汝命《おおなむち》・国作大己貴命《くにつくりおおなむち》・伊《い》和《わ》大神《おおかみ》—『播磨国風土記《はりまのくにふどき》』での呼称
大名持神《おおなもちのかみ》—大名持神社の祭神
八千《やち》矛神《ほこのかみ》—武神としての性格
葦原醜男《あしはらしこお》（葦原色《あしはらし》許《こ》男神《おのかみ》）—強い男の意味、武神
大物主神《おおものぬしのかみ》—大神神社の祭神
大國魂大神《おおくにたまのおおかみ》—大國魂神社の祭神
顕国玉神（宇《う》都志《つくし》国玉神《くにたまのかみ》）—現実の国を治める神として
所　造天下大神《あめのしたつくらししおおかみ》—『出雲国風土記』での呼称
幽冥　主宰大神《かくりごとしろしめすおおかみ》—死後の世界を治める神として
杵築　大神《きづきのおおかみ》—杵築という地名にもとづく呼称

大国主神が多くの異名をもつということは、それだけこの神が複雑な性格をもっていることを意味する。しかも、国づくりにかかわった神であり、その点で重要である。『古事記』においては、須佐之男命の6世の孫とされ、『日本書紀』の本文ではその子どもとされている。ただし、一書では7世の孫ともされている。

また、大国を音読みにすると、「ダイコク」となるところから、後には、ヒンドゥー教におけるシヴァ神の化身であるマハーカーラに由来する大黒天と習合し、七福神の一つとして信仰されるようになる。

大国主の国づくり、国譲りと出雲国造

大国主神にまつわる伝説のなかでもっとも有名なものが、「因幡《いなば》の白兎」の話である。これは、鰐《わに》を騙したために皮を剝がされた上、大国主神の兄弟である八十神たちに誤った治療法を教えられ、苦しんでいた白兎を大国主神が正しい治療法を教えて救う物語である。これは、『古事記』に登場するもので、可愛い動物をめぐる物語であるために昔話としても広く知られている。

しかし、大国主神についてより重要な物語は、国づくりと国譲りにかんするものである。

国づくりについては、やはり『古事記』に出てくる。大国主神は、世界のはじまりである天地開闢のときに生まれた造化三神《ぞうかさんしん》に含まれる神産巣日神《かみむすびのかみ》の子である少名毘古那《すくなびこな》とともに葦原中津国の国づくりを行った。ところが、その途中で、少名毘古那の方は、海の彼方にあるとされる常世に去ってしまった。

協力者を失った大国主神は途方にくれ、今後どうやって国づくりをしていけばいいのかを悩むが、そのとき、海を照らしながらやってくる神があった。その神は、「我は汝の幸魂奇魂《さきたまくしたま》である」と名乗り、自分を祀ってくれれば、今後の国づくりに協力すると約束する。そして、自分を大和国の東の山の上に祀るよう指示する。この神は、三輪山に鎮座する神であるとされる。つまり、大物主になるわけだが、それについては後でふれる。

これによって、大国主神は葦原中津国の支配者となった。ところが、高天原の天照大御神は、自らの子孫が葦原中津国を支配すべきだとして、使者を送り、大国主神に国を譲るよう要求する。

大国主神は、最初それに抵抗し、断るが、天照大御神はくり返し使者を送って説得を試みる。ついに、息子が承諾したのを機に、大国主神は自分の住む宮殿を建ててもらうことを条件にして、国譲りを受諾する。

国を譲るということは、支配権を渡してしまうことを意味する。その点で、これは大和朝廷による出雲族に対する侵略行為を神話として表現したものではないかと言われ、さまざまな解釈が施されてきた。さらに、大国主神の魂が三輪山に祀られているという点も、出雲と大和との密接な関係を示すものととらえられてきた。

『日本書紀』の一書では、これに関連して、大国主神が祀られるようになった出雲大社において、その祭祀を担うのは、天之菩卑能命《あめのほひのみこと》（天穂日命・天菩比神）であるとされている。つまりこれが、出雲国造の祖先神だというわけである。

天之菩卑能命は、天照大御神と須佐之男命が高天原で誓約を交わしたときに生まれた神であり、その点で、皇祖神とつながりをもっている。ここにも、出雲国造が、神につらなる極めて重要な存在であることが示されている。

しかも、古代において、出雲国造は新たに就任した際に、都にのぼり、天皇に対して寿詞《よごと》を奏上した。それが、平安時代中期に編纂された『延喜式』におさめられている「出雲国造神賀詞《いずものくにのみやつこのかんよごと》」である。この儀式は、8世紀から9世紀にかけて、15回行われたことが記録に残されている。

この祝いの気持ちをあらわす賀詞《がし》においては、出雲国造の祖先神である天之菩卑能命が高天原から遣わされ、大国主神に何とか国譲りを承諾させたという話が語られている。この奏上を行った後には、鏡、剣、玉などの神宝が献上され、国造は出雲に戻り、1年間にわたって身を慎しむ精進潔斎をした。

その間は、出雲国では刑罰が執行されないばかりか、田地の調査や支給も停止された。そして、1年後、国造はふたたび都にのぼり、奏上と献上とをくり返した。まさにこれは、その支配下に入る服属の儀礼であり、それもまた出雲国と大和朝廷との関係がいかなるものなのかを示しているように思われる。

出雲大社周辺から大量に発見された青銅器

国譲りのような出来事が実際に起こったのか、それとも、大和の地域で起こったことが、出雲を舞台とする物語に移されたのか、その点については、数々の謎があり、その全貌が解明されているとは言えない状態にある。

しかし、古代の出雲において、相当に高度な文明が花開いていたことは事実で、最近になってその全貌がしだいに明らかになってきている。

その一つは、「四隅突出型墳丘墓《よすみとつしゅつがたふんきゅうぼ》」の存在である。これは、方形、あるいは長方形の墳丘墓で、四隅に突出した部分があり、なおかつ墳丘の斜面に石を張りめぐらしたものである。時代的には弥生時代中期のもので、出雲を中心に、鳥取、福井、石川、富山、それに出雲に近い広島の三次《みよし》市などからも見つかっている。

また、比較的最近になって、出雲大社の周辺からは大量の青銅器が発見されている。

昭和59（1984）年には、出雲大社からは東南の方角にあたる斐川町《ひかわちょう》の荒神谷遺跡《こうじんだに》から大量の銅剣が発見された。それまで日本国内で発見された銅剣は総数でおよそ300本だったが、荒神谷遺跡ではそこだけで358本もの銅剣が発掘された。また、この荒神谷遺跡では、銅剣とあわせて銅鐸が6口、そして銅矛《どうほこ》が16本発見された。

これだけでも驚きだが、それから12年後の平成8（1996）年には、荒神谷遺跡のさらに東南3・4キロメートルのところにある加茂岩倉《かもいわくら》遺跡から39口もの銅鐸が発見された。これも1カ所から発掘された銅鐸の数としては最大である。荒神谷遺跡と加茂岩倉遺跡の出土品は、現在、出雲大社近くに建てられた島根県立古代出雲歴史博物館に所蔵され、国宝に指定されている。これまで、出雲からは考古学的な資料が発見されていなかったことを考えると、こうした発見の意味は極めて大きい。

以前には、各地で考古学上の発掘がそれほど進んでおらず、銅矛が主に北九州周辺で、銅鐸が近畿から東海地方にかけての地域で出土していたため、「銅剣銅矛文化圏」と「銅鐸文化圏」とが区別されていた。それは最初、哲学者の和辻《わつじ》哲郎が唱えたもので、そこには民族的な差異があるという主張もなされたが、今日では二つの文化圏を分けることはできないとされている。

その点はともかく、銅剣も銅鐸も紀元前2世紀から前1世紀にかけての弥生時代のもので、古代の出雲において、かなり高度な文明が展開されていたことを示している。

大国主と大物主とその2つの神の習合

ここで注目されるのが、大国主神の異名であり、その幸魂奇魂である大物主のことである。幸魂奇魂とは、人間に対して幸福を与える神秘的な力をもつ霊のことである。少名毘古那が去ってしまった後、大国主神は、自らの魂に支えられながら国づくりを継続したことになる。

その大物主が祀られているのが奈良の大神神社である。

大神神社は、よく知られているように、祭神を祀る本殿のない神社であり、拝殿の背後にある三輪山自体が御神体と考えられている。

その三輪山に宿る大物主の別名に、倭大物主櫛甕魂命《やまとおおものぬしくしみかたまのみこと》というものがある。実は、先にふれた「出雲国造神賀詞」には、大物主櫛甕玉という神が登場し、これは大国主神の和魂《にきみたま》とされている。和魂は、荒魂《あらみたま》と対になる概念で、その神の優しく穏やかな側面を示したものとされている。倭大物主櫛甕魂命が大物主櫛甕玉に通じていることは明らかである。これは、『古事記』の国づくりの物語とも関連する。

その『古事記』のなかで、大国主神が大物主と出会う話についてはすでにふれたが、『日本書紀』の崇神記には、別の形でその経緯が語られている。

崇神天皇の時代には疫病が流行し、それはいっこうにおさまる気配を見せなかった。そのとき天皇の夢のなかに大物主があらわれ、「こは我が御心ぞ、意富多多泥古《おおたたねこ》をもちて、我が御前を祭らしめたまわば、神の気起こらず、国安らかに平らぎなむ」という託宣を下した。疫病は大物主の意図によるもので、自分を祀れば、それはおさまり、国が太平になるというのだ。ここでの大物主は恐ろしい祟り神としての性格を示していた。

そこで天皇はさまざまな場所に使いを送り、大物主の言う意富多多泥古という人物を探させる。幸い河内の美努《みの》村《むら》でその人物が見つかった。そこで天皇が意富多多泥古に誰の子なのかと尋ねると、大物主がめとった活玉依毘賣《いくたまよりひめ》が産んだ櫛御方《くしみかた》から飯肩巣見《いいかたすみ》、建甕槌《たけみかつち》を経て生まれたと答えた。意富多多泥古は大物主の血を引いていることが明らかになったのである。そこで天皇は、意富多多泥古に命じて三輪山に大物主を祀らせた。

なお、『日本書紀』の一書では、意富多多泥古は大田田根子《おおたたねこ》と表記されている。大田田根子は出雲族であるとも言われている。大神神社の出雲との関連は地名にも示されている。大神神社のあるあたりは現在では桜井市に編入されているが、三輪山の東南には、出雲という地名が残されている。かつての大和国城上郡《しきのかみのこおり》出雲郷であり、そこは出雲氏の居住地であった。

さらに、『古事記』や『日本書紀』においては、意富多多泥古（大田田根子）が神の子であることが明らかになった話を載せている。それが、いわゆる「三輪伝説」である。

『古事記』によれば、活玉依毘賣は、容姿が優れていて美しかったが、夜中に通ってくる男がいて、すぐに妊娠してしまった。そのことが両親に知れてしまうが、活玉依毘賣は男の正体を明らかにすることができなかった。そこで両親は、娘に対して、麻糸を針に通し、それを男の着物の裾に通すように命じた。

娘がその通りにすると、糸は戸の鍵穴を通り抜けてしまっていることが分かった。その糸をたどっていくと三輪山まで行き、神の社のところで終わっていた。それで、意富多多泥古が三輪山の神の子孫、つまりは大物主の子孫であることが判明したのである。

歌舞伎に詳しい人なら、この物語を読んで、すぐに『妹背《いもせ》山女庭訓《やまおんなていきん》』のことを思い出すだろう。この作品は、現在でもくり返し上演される人気の演目だが、初演は明和8（1771）年の竹本座だった。近松半二・松田ばく・栄善平《えいぜんぺい》・近松東南《ちかまつとうなん》・三好松洛《みよししょうらく》の合作で、はじめは人形浄瑠璃だった。全体は5段にわたるが、よく上演されるのは、両花道が用いられ華やかな「吉野川」、人形ぶりで演じられることも多い「道行恋苧環《みちゆきこいのおだまき》」、それに続く「御殿」である。

神話を題材にしているだけに、物語の舞台は「大化の改新」（645〜646年）の時代に設定されている。数ある歌舞伎作品のなかで、スーパー歌舞伎を除けば、この作品の舞台がいちばん古い。ただ、登場人物の扮装は、どこからどう見ても江戸時代のものである。

この作品が優れているのは、記紀に記された神話の物語が巧みに生かされているところにある。「道行恋苧環」などは、通ってくる男の正体を知るために麻糸を着物の裾に通す話がもとになっている。そして、悪役として登場する蘇我入鹿《そがのいるか》を討つために殺されるお三輪は、酒屋の娘に設定されている。それも、大物主には酒の神としての性格があるからである。

大国主神と大物主は、もともとは別の神であり、それが途中から習合したと考えられている。たしかに、この二柱の神は、出雲と大和という形で別の場所に祀られており、その由来を説く神話も、それぞれ内容が異なっている。両者が結びつくのは、幸魂や奇魂といった神霊の次元においてである。

ただし、二つの神が結びつけられた背景には、それをともに祀る出雲族の存在が想定される。その際に、一つの鍵になるのが磐座の信仰である。三輪山の祭祀のもともとの形が、磐座に対する信仰であったことについてはすでにふれた。村井康彦《むらいやすひこ》は、『出雲と大和——古代国家の原像をたずねて』（岩波新書）のなかで、三輪山のある大和ばかりでなく、出雲にも伊勢にも、さらには大和と出雲の間の地域にも磐座の信仰があったことを指摘している。

たとえば、大和と出雲を結ぶ線上にある丹波亀岡（京都府亀岡市）には、出雲大神宮という神社がある。これは、丹波國一之宮《たんばのくにいちのみや》で、古代においては出雲社と呼ばれていた。祭神は、大国主神である。

この神社の背後には御蔭山《みかげやま》があり、それは神体山である上に、その麓に巨石があり、社殿はその前に建てられている。現在では、本殿が建てられているが、かつては大神神社と同様の形態をとっていたかもしれない。鎌倉時代に描かれた「出雲神社牓示図」では、御蔭山の麓に鳥居が立ち、さらにその手前に三棟の建物がある。これらの建物は社殿には見えない。この時代には、拝殿さえなかった可能性がある（この図は、平成25年に東京国立博物館で開かれた『国宝 大神社展』に出品された）。社伝（神社の由来や来歴が書かれた資料）によれば、この神社を祀ったのは大神朝臣狛麻呂《おおみわのあそんこままろ》とされており、そこからも大神神社との関連性が示されている。

この出雲大神宮は、「元出雲」とも呼ばれている。前の章で元伊勢についてはふれたが、ここが元出雲と呼ばれるのも、ここから出雲に大国主神が遷ったという伝承があるからである。

磐座の信仰は、古代の信仰であり、神道のもともとの祭祀の形態を示している。出雲大社のことを探っていくと、いたるところで古代的な信仰に出会うが、本当にそれがはるか古代にまで遡るものなのかということになると、必ずしもその点は明確ではない。あるいは、出雲の信仰をことさら古いものに見せかけようとする力が働いている面がある。注目されることも多い出雲大社の社殿をめぐる問題を見ていくと、その可能性が浮上してくるのである。

巨大な本殿の高さは96メートルだったか、48メートルだったのか？

出雲大社の本殿は巨大で、すでにふれたように、その高さは8丈（24メートル）にも及んでいる。出雲大社と言えば、大きな注連縄が有名だが、本殿西の神楽殿にあるものは、長さ13メートル、周囲9メートルで、重さは5トンにもなる。

しかも、中世においては、本殿の高さは16丈（48メートル）で現在の倍あり、古代には32丈（96メートル）にも及んでいたという言い伝えがある。今の4倍の高さである。

100メートル近い高さの神社など想像することは難しい。実際、そんなものは現存していない。ところが、現在では、32丈説はともかく、16丈説はかなり有力視されている。

今から100年以上前の明治41（1908）年から42年にかけて、建築家で建築史家の伊藤《いとう》忠太《ちゅうた》と歴史学者で神道学者の山本信哉《やまもとしんや》との間で、この出雲大社の高さについて論争がもち上がった。その際に山本は16丈説を唱え、その根拠として持ち出してきたのが『口遊《くちずさみ》』という書物だった。

『口遊』は、平安時代初期の学者、源為憲《みなもとのためのり》の手になるもので、そこには天禄《てんろく》元（970）年という年号が記されている。これは子どものための教科書のようなもので、算数の九九が最初に記された書物でもある。

その『口遊』では、橋、大仏、建物について当時のベスト3が挙げられており、橋の場合には、「山太、近二、宇三」と記されている。これだけだと何のことか分からないが、山太とは京都の山崎橋、近二は近江の勢多橋、宇三とは京都の宇治橋である旨明記されている。

建物については、「雲太《うんた》、和二《わに》、京三《きょうさん》」と記され、「今案ずるに雲太とは出雲の国城築明神《きづきみょうじん》の神殿をいふ。和二とは大和の国東大寺の大仏殿をいふ。京三とは太極殿《だいごくでん》をいふ」と説明されている。出雲大社は古代において杵築大社（城築明神）と呼ばれていた。当時の大仏殿の高さは15丈だから、出雲大社はそれよりも高かったことになる。つまり、16丈の可能性が出てくるわけである。

もう一つ、16丈説、さらには32丈説を裏づけるものが、国学者の本居宣長がその著書『玉勝間《たまがつま》』に掲載した「金輪造営図《かなわのぞうえいず》」である。これは平安時代の図面を写したものとされ、宣長は、「出雲大社、神殿の高さ、上古は三十二丈あり。中古には十六丈あり。今の世のは八丈也。古の時の図を、金輪《かなわ》の造営の図といひて、今も国造の家に伝へもたり、其図、左にしるすが如し。此図千家国造の家なるを、写し取れり。心得ぬことのみ多かれど、皆ただ本のまゝ也、今世の御殿も、大かたの御構は、此図のごとくなりとぞ」と記している。

宣長は、この図に描かれたことをそのまま鵜呑《うの》みにしているわけではない。だからこそ「心得ぬことのみ多かれど」と注記しているわけだ。この図を見ると、3本の材木を金輪で縛って1本の柱とし、その直径は1丈、3メートルに及んでいる。それを縦横等間隔に9本建て、その上に本殿が載るようになっている。しかも、本殿に登るための引橋は1町とされているから、100メートルを超えていたことになる。

残念ながら、「金輪造営図」は平面図で、これだけでは、本殿がどういった形をしていたかも、どのくらいの高さだったかも分からない。しかし、引橋が100メートルを超えているなら、本殿はかなり高いところに位置していたものと想定される。しかも、柱は直径が3メートルにもなるわけで、かなり大きな建物を支えていた可能性が考えられる。

かつては朱塗りだった可能性が高い本殿

果たしてそれほど大きな柱が用いられていたのか、当時からそれを疑問視する声はあった。ところが、近年、それが事実であることが判明した。

平成12（2000）年から13年にかけて、出雲大社の境内にある遺跡から、杉の大木3本を組んだ直径およそ3メートルにもなる巨大な柱が3カ所で発見されたのである。これは、鎌倉時代の前半にあたる宝治2（1248）年に造営された本殿を支えていた柱ではないかと推定されている。

となると、俄然16丈説や32丈説に信憑性が出てくる。建築大手の大林組はプロジェクト・チームを組み、かつての出雲大社の復元シミュレーションを試みている。それは16丈説にもとづくもので、引橋は100メートルを超え、その先に社殿が建っていて、実に壮観である。その10分の1の模型は、古代出雲歴史博物館に展示されている。

もし、それだけの高さがあったとすれば、社殿は相当に不安定な状態にあったはずである。それを裏づけるかのように、『百錬抄《ひゃくれんしょう》』という書物には、長元4（1031）年8月、「出雲の国杵築社神殿転倒」と記録されている。風もないのに神社が振動し、「材木は一向に中より倒れ伏す、ただ乾の角の一本は倒れず」だったという。また、出雲国造家に残された文書にも、転倒したことが記されており、平安時代中期から鎌倉時代はじめまでの200年間に7度も倒れたとされている。

こうなると、16丈説は、ますます信憑性を帯びてくるが、それを否定するような資料もある。

その一つが、発掘された巨大な柱が用いられた宝治2年に造営された社殿を描いたとされる「絹本《けんぽん》着色出雲大社幷《ならびに》神郷図《しんごうず》」である。これは出雲大社とその周辺の地域を描いたもので、それを見ると、出雲大社の本殿は高床で、かなりの高さをもっていたようにも見える。だが、復元された16丈の本殿ほどの高さがあったようにはとても見えない。

しかも、本殿は朱塗りになっている。ちょうどそれは、前の章で見た伊勢神宮の参宮曼荼羅《さんぐうまんだら》に描かれたのと同じである。江戸時代はじめの「杵築大社近郷絵図」でもやはり朱塗りで、境内にはほかに三重塔や鐘楼《しゅろう》、弁天堂や大日堂があり、神仏習合の信仰が出雲大社にも見られたことが示されている。本殿は高床で、一般の神社に比べれば高く見えるが、やはり16丈説を裏づけるほどのものではない。

本殿が16丈もの高さがあったとしたら、それは多くの人々の注目を集める。今それを実際に復元することは、あまりに危険で、耐震の面でも不可能だろうが、模型に接した人々は、実際の社殿の前にたたずんで、かつての姿を想像してみることだろう。その点で、16丈の高さの本殿だったという言い伝えは、観光には役立つ。しかし、逆にそのことが、16丈説への疑いを抑圧している面があるようにも思われる。

それは、かつての出雲大社が朱塗りであった点にもかかわってくる。もし、今回の遷宮の結果、朱塗りの本殿に戻ってしまったとしたら、それは驚きをもって迎えられ、多くの人が違和感をもつことだろう。

9世紀から17世紀は祭神が素戔嗚尊だった！

しかし、中世において、出雲大社は現在とは異なる姿をとっていた。それを今のような形にしたのは、すでにふれた佐草自清という人物の力によるものなのである。

佐草は、千家の上級神職の家柄に生まれたものの、北島家方の上級神職、佐草家を継ぎ、寛文7（1667）年の遷宮においては幕府や松江藩との折衝役にあたった。

当初、幕府側は、組物を多用し、蟇股《かえるまた》（カエルが脚を広げたような形をした部材）などを配したかなり装飾的な建物にすることを考えていた。これに真っ向から異議を唱えたのが佐草らで、最終的にはその意向が通り、出雲大社の本殿は装飾的な要素のない直線的な部材によるものになった。現在の本殿は、この寛文年間の遷宮のときの建物にならって造営されたものであり、その伝統は今日まで受け継がれ、出雲大社から古代のイメージを喚起させることに結びついている（『国宝の美』22〈朝日新聞出版〉を参照）。

こうしたことが起こったのは、江戸時代においては、「復古神道」の傾向が生まれ、神道から仏教の影響を排除しようとする動きが起こったからである。佐草の試みは、その先駆となるものであった。

また、もう一つ興味深いことは、祭神の問題である。出雲大社の祭神は大国主神だが、実は一時、素戔嗚尊《すさのおのみこと》（須佐之男命）に変わっていた。

すでに何度かふれた「出雲国造神賀詞」では、祭神は大国主神とされていたので、平安時代の中期までは、祭神の交替は起こっていない。

ところが、9世紀はじめから10世紀はじめにかけて編纂された『先代旧事本紀《せんだいくじほんぎ》』や12世紀に成立した『長寛勘文《ちょうかんかんもん》』では、出雲大社の祭神は素戔嗚尊であるとされていた。また、毛利綱広《もうりつなひろ》が寛文6（1666）年に寄進した銅の鳥居には、「素戔嗚尊者雲陽大社神也《すさのおはうんようたいしゃのかみなり》」と記されていた。雲陽とは出雲のことである。

つまり、9世紀から17世紀まで、かなり長い間にわたって、祭神は素戔嗚尊とされていたわけである。そこには、出雲大社とは山を隔ててその南東にあった天台宗の寺院、鰐淵寺《がくえんじ》の影響があった。鰐淵寺は、出雲大社の神宮寺にあたる存在で、中世においては大般若経転読などを営むことで出雲大社の祭事の一端を担っていた。その鰐淵寺に伝わる『出雲國浮浪山《ふろうさん》鰐淵寺　略縁起《りゃくえんぎ》』では、祭神は素戔嗚尊で、その本地仏は蔵王権現《ざおうごんげん》とされていた。

素戔嗚尊は、記紀神話では、出雲の鳥髪山《とりがみやま》（現在の船通山）に降り立ち、八岐大蛇《やまたのおろち》（八俣遠呂智）を退治したとされている。また、死者が赴く根の国にいたときには、やってきた大国主神に試練を与え、娘をその妻に与えたとされている。

こうした点で、素戔嗚尊は大国主神の上に立つ征服者の意味合いが強い。その素戔嗚尊を祭神とすることは、出雲が大和に屈したイメージを強調することにつながる。大国主神から素戔嗚尊への祭神の変更は、中央への恭順を示すという意味合いがあったのかもしれない。

これも、寛文《かんぶん》年間の遷宮の際に、もとに戻され、ふたたび大国主神が祭神として祀られるようになる。それもまた復古であり、同時に、仏堂や仏塔は破壊された。それは、出雲大社の側の主体性を回復するための試みであった。

ハワイにもハワイ出雲大社がある

このように、近世の出雲大社では、大国主命を神話の世界、古代に引き戻そうとする動きが見られ、それが実現されたわけだが、一方で、すでに述べたように大国主命は大黒天と習合し、それによって庶民的な存在として信仰を集めるようになっていく。

さらに、旧暦10月は「神無月《かんなづき》」と呼ばれ、日本全国の神々が出雲に集まるという俗信も生まれた。出雲の側からすれば、それは「神在月《かみありづき》」ということになる。

神々が集まるのは、縁結びをするためとされ、そこから、出雲大社は縁結びの神として信仰を集めるようになる。この信仰が広まったのは、御師たちの働きによる。

もっぱら大国主命を祀った神社の数は決して多いとは言えない。それでも、出雲大社には、各地に分社があり、その数は300ほどになっている。ハワイにもハワイ出雲大社がある。

そのほかには、すでにふれた京都府亀岡市の出雲大神宮などがある。大物主を祀る大神神社も、その一つとして数えることができる。それ以外にも、石川県羽咋《はくい》市の気多大社《けたたいしや》と七尾市の気多本宮《けたほんぐう》も、大国主命の異名である大己貴命《おおなむちのみこと》を祭神としている。東京都府中市の大國魂《おおくにたま》神社や北海道札幌市の北海道神宮《ほっかいどう》は、それを大國魂大神として祀っている。

【この章の主な参考文献】
・上田正昭編『出雲』吉川弘文館
・　同　『出雲の神々―神話と氏族』筑摩書房
・千家尊統『出雲大社』学生社
・福山敏男監修・大林組プロジェクトチーム編『古代出雲大社の復元―失なわれたかたちを求めて』学生社

第6章　春日

――権勢をほしいままにした藤原氏の氏神

実体のはっきりしない重要神社

奈良の春日大社を総本社とする春日神社は、全国に1000社以上ある。神社の数で、ベスト10には入らないものの、第11位である。かなりポピュラーな神社である。

では、春日大社や全国の春日神社には、どういった祭神が祀られているのだろうか。

実は、これはかなり難しい。おそらく、春日大社の祭神は何かと聞かれて、即答できる人はそれほど多くないはずだ。

もちろん、春日大社の由緒をたずねてみれば、それはすぐに明らかになる。祭神は「春日《かすがの》神《かみ》」である。それは、「春日明神」や「春日権現」とも呼ばれる。

ところが、春日神とは何かということになると、そのイメージはなかなかわいてこない。春日神があるということを、これまで意識してこなかった人が大半だろう。

春日神は記紀神話には登場しない。そこで、伊勢や出雲の信仰とは異なる。

しかも、八幡や稲荷のように、歴史のなかのある時点で、日本に降ってきたというわけでもない。春日神のことを語る物語は存在しないし、天神とも異なり、人を神として祀ったものではない。考えれば考えるほど、春日神は不思議な存在である。

にもかかわらず、鎌倉時代以降になると、春日神を祀る春日大社は、伊勢神宮や石清水八幡宮とともに、もっとも重要な神社とされ、「三社信仰《さんしゃしんこう》」さえ成立する。そして、天照皇大神を中心に、その左右に春日大神と八幡大神と神名を記し、その下に神から下されたお告げである託宣を書く「三社託宣」と呼ばれる掛け軸が信仰対象として広まっていった。

春日神は、天照大御神や八幡神と拮抗する神にまで祀り上げられた。それは、春日神を祀ったのが、天皇の外戚として権力を握った藤原氏であったことが大きい。春日大社は、何よりも藤原氏の氏神である。

春日神という存在の実体が必ずしもはっきりしないのは、それが一つの神であるというよりも、複数の神が合体したものだからである。

春日の神の正体である5柱の神々

春日大社の祭神は、春日神とされる一方で、武甕槌命《たけみかづちのみこと》、経津主命《ふつぬしのみこと》、天児屋根命《あめのこやねのみこと》、比売神《ひめがみ》であるともされている。それを反映し、春日大社の本殿には、この4柱の神をそれぞれ祀る神殿が4つ並んでいる。さらに、それとほぼ同列の存在として若宮神社があり、そこには天押雲根命《あめのおしくもねのみこと》が祀られている。

神殿のなかにいくつもの祭神が祀られることは決して珍しいことではなく、そうしたものは「相殿」と呼ばれる。春日大社も、この相殿の一種であるとも言えるが、第一殿に祀られている武甕槌命が主たる祭神であるかと言えば、必ずしもそうではなく、4柱の神、あるいは若宮も含めた5柱の神は一体の関係にあって、それを分けて考えることはできない。

さらに注目されるのは、春日神として祀られた5柱の神の正体である。まず、天児屋根命は記紀神話の岩戸隠れの場面に登場するもので、天照大御神が岩戸を少し開いたとき、鏡を差し出した神の一つである。そして、中臣連《なかとみのむらじ》の祖神とされており、中臣（藤原）鎌足《かまたり》を祖とする藤原氏にとっては氏神である。

比売神は天児屋根命の妻であり、天押雲根命はその子どもである。つまり、5柱の神のうち、3柱は藤原氏の祖神であり、氏神である。

武甕槌命は、やはり記紀神話に登場し、『古事記』では、建御雷之男神《たけみかづちのおのかみ》などと表記される。伊弉諾尊が火神である軻遇突智《かぐつち》の首を切り落としたときに、その血から生まれた三神の一つで、前の章でふれた出雲の国譲りの際には、経津主命とともに大国主神にそれを迫る役割を果たす。その点で、武甕槌命と経津主命は、大和朝廷による日本全土の征服に貢献した重要な神である。

そこに、いかなる歴史的な事実が反映されているかは興味を引かれる事柄で、想像力を膨らませてみたくもなるが、もう一つ重要なことは、武甕槌命は常陸国一之宮である鹿島神宮から、経津主命は下総国一之宮《しもうさのくにいちのみや》である香取神宮から勧請されたということである。

鹿島神宮と香取神宮は、常陸と下総ということで祀られている国が違うわけだが、両者は13

キロメートルしか離れておらず、古代においては、かつてあった西ノ流海《にしのりゅうかい》、あるいは安是湖《あぜのみなと》を隔てて対岸に向き合う形になっていた。したがって、「鹿島香取」と一括して呼ばれることも多く、かつては蝦夷《えぞ》に対する前線基地の役割を果たしていたのではないかと言われている。

春日大社が所蔵している『春日社御本地幷御託宣記《かすがしゃごほんちならびにごたくせんき》』といった書物では、その創建は、神護景雲2（768）年11月9日のこととされている。社伝では、そのときに、左大臣であった藤《ふじ》原永手《わらのながて》が、鹿島から武甕槌命を、香取から経津主命を勧請し、あわせて東大阪にある枚岡《ひらおか》神社に祀られていた天児屋根命と比売神を4殿で祀るようになったとされている。この枚岡神社は、この由来から「元春日」と呼ばれている。

春日神として天児屋根命や比売神が祀られるのは、それを祖神とする藤原氏との関係からすれば、当然のことである。

圧倒的な藤原氏の影響と隣接する興福寺との関係

では、なぜ春日神は鹿島香取から勧請されなければならなかったのだろうか。それは、鹿島が藤原鎌足の出生の地だからだとも言われるが、それは平安時代後期に成立した『大鏡』に書かれていることであり、『藤原家伝』などの別の資料では、大和国の生まれとされている。

鎌足の出生の地が鹿島とされたのは、むしろ春日大社に鹿島神宮の祭神が勧請されたことを踏まえてのことかもしれない。鹿島香取の両神宮は重要な神社であるかもしれないが、春日大社との結びつきは不可思議である。

八幡神の場合にも、第1章で述べたように、東大寺の大仏が建立されるときに、筑紫から大和へと上京した。あるいは、遠方で祀られた神の方が強い威力を発揮するという信仰があったのかもしれない。その点は今後、検討しなければならない課題である。

ただ、春日大社が藤原氏の氏神であったということは、その信仰を広める上で決定的に重要であった。藤原氏は、その娘を天皇に嫁がせることで外戚の地位を確保し、官僚機構の頂点にある摂政や関白の地位を独占した。その体制は長い間崩れることがなかった。平家や徳川氏は、天皇家の外戚となり、藤原氏に取って代わろうと試みたが、それはかなわなかった。それほど、藤原氏の地位は強固なものだった。

藤原氏では最初、鎌足の息子不比等の子である武智麻呂《むちまろ》、房前《ふささき》、宇合《うまかい》、麻呂《まろ》の4兄弟がそれぞれ南家《なんけ》、北家《ほくけ》、式家《しきけ》、京家《きようけ》を作ったものの、4兄弟が相次いで亡くなり、北家の系統だけが後に繁栄する。鎌倉時代に入ると、その北家の系統が近衛家《このえけ》、鷹司家《たかつかさけ》、九条家《くじようけ》、二条家《にじようけ》、一条《いちじよう》家《け》に分かれ、この五摂家《ごせつけ》が摂政関白を独占するようになる。ほかの公家の系統も藤原氏の流れをくむものが多く、貴族社会における藤原氏の影響力は圧倒的だった。

しかも、その氏神である春日大社はそれに隣接する興福寺《こうふくじ》と一体の関係におかれる。興福寺は藤原氏の氏寺であり、そのために膨大な荘園を寄進され、その範囲は大和国全域にまで及んだ。それは、春日大社の重要性を高めることに大きく貢献した。

ただ、春日大社のもともとの形ということになると、そうしたこととは別に興味深い事柄がある。

それを示しているのが、正倉院におさめられた「天平《てんぴょう》勝《しょう》宝《ほう》八歳《はっさい》東大寺《とうだいじ》山堺《さんかい》四至《しいし》図《ず》」と呼ばれる絵図である。天平勝宝八歳とは八年のことで、西暦にすると７５６年にあたる。東大寺で大仏の開眼供養が行われたのは、そのわずか４年前のことであり、大仏が建立された直後の東大寺と春日大社の姿を示している。

それを見ると、東大寺の方は、大仏殿を中心に、羂索堂《けんさくどう》と千手堂《せんじゅどう》の建物が描かれている。戒《かい》壇院《だんいん》、東塔《とうとう》、西塔《さいとう》については、建物としては描かれず、場所だけが示されている。

注目されるのは、今春日大社がある場所である。その背後には御蓋山があるが、その前には、木々に囲まれた「神地」が四角で記されている。春日大社の境内とおぼしき場所には、ほかに建物はまったく描かれていない。

これは、神に対する祭を行う場所は決められていたものの、そこに社殿が建てられていなかったことを示している。御蓋山が御神体とされていたものと思われる。

大和国全体が春日大社の神領となり、春日大社を興福寺が支配した

前の章で、大神神社についてふれた。そこは、現在でも拝殿しかないが、古代にはその拝殿さえなかった。古代における祭祀は、神社の社殿のなかで営まれるものではなく、屋外に臨時の祭場を作って、そこで行われた。「天平勝宝八歳東大寺山堺四至図」は、8世紀中頃の春日大社で、そうした形で祭儀が行われていたことを伝えてくれている。

これは、長い歴史をもつ古い神社に共通して言えることだが、その神社の社殿がいったいいつ建ったのか、それを明らかにすることは難しい。今の人間は、はるか大昔から社殿があるように考えているが、そうではない。むしろ、社殿を作らない方が伝統になっていた。

そこに、寺院の建築物が影響を与え、それで神社でも社殿が建てられるようになったのであろう。仏教寺院では、そこに僧侶が生活し、儀式を営むだけではなく、修行を行ったり、学問の研鑽を行う。寺院は生活の場であり、建物を必要とする。

ところが、神社の場合には、神主がそこで生活するわけではないし、修行も学問の研鑽も行われない。ただ、神に対する祭を行えばいいわけで、そのたびごとに斎場を設ければそれでかまわない。むしろ、古代においては、祭をするごとに斎場を設けるのが普通のやり方だった。

春日大社の本殿の建築様式は、同じ形で同じ大きさの4棟が建ち並ぶ「春日造」と呼ばれるものである。それは、4柱の祭神を祀るからだが、まだ本殿の建物がなかった時代には、4柱

の神を祀っているという意識はなかったのではないだろうか。そういう意識が生まれたのは、本殿が建立されてからの可能性も考えられる。

春日大社に社殿が建ち、整備されていくにつれて、藤原氏の人々は家の繁栄を願って、春日大社に詣でるようになっていく。それは、「春日詣」と呼ばれ、人々は盛装し、行列を組んで春日大社に向かった。その際には、御幣や鏡、剣や甲冑《かっちゅう》などの神宝が奉納され、荘園が神領《しんりょう》として寄進された。

さらに、外戚という立場から、藤原氏は天皇に対しても春日大社への参詣を促す。通常は、天皇が平安京の外、洛外にある神社仏閣に行幸することは極めて珍しいことだったが、永祚《えいそ》元（９８９）年には一条天皇が行幸し、後一条《ごいちじょう》天皇もそれに続いた。

そして、大和国全体が春日大社の神領となり、さらに春日大社を興福寺が支配する構造ができあがる。要は、藤原氏が、氏神と氏寺を使って大和国を自らの支配下においたということで、それが藤原氏の財政基盤ともなっていく。

ただそれは政治的、経済的次元にとどまらず、信仰の次元でも大きな意味をもっていく。興福寺は、春日神を自分たち法相宗を守護する神と位置づけ、春日大社の社頭で読経することを許される。それが「法華八講」と呼ばれるもので、毎年春と秋に行われた。

さらに興福寺は、自分たちの要求を通すために、「強訴《ごうそ》」という手段に出る。寛治７（１０

93）年には、春日大社の下級神職である神人《じにん》に、神鏡《しんきょう》を榊《さかき》につけた神木をもたせ、僧兵の護衛を伴って都に乱入させ、居すわらせた。近江の国司が神人に暴行を働いたと訴えさせるためである。

この直後には、比叡山の山僧も日吉大社の神を輿に乗せて強訴を行った。こうしたことは、神が鎮座している場所から動くということで、「神輿動座《みこしどうざ》」と呼ばれたが、それは神の怒りを示した行為とされ、その神を信奉している公家たちを恐れさせたのである。

若宮神社と御子神信仰

第2章でふれたように、菅原道真の霊が祟る神として祀られるようになるのは、これよりも前のことである。平安時代においては、神はたんに神社の社殿のなかにおとなしく鎮座しているものではなく、生きて、人々の生活に直接影響を与えた。正確に言えば、与えると信じられていた。そして、仏法には、そうした荒ぶる神を押さえる力があると信じられたのである。

その点で、神社の建物は、たんに神を祀るための場であるだけではなく、神を鎮めるための場でもあった。

そのことは、春日大社における若宮神社の創建にかかわっていく。若宮神社の祭神である天押雲根命は、第三殿の天児屋根命と第四殿の比売神の子にあたるもので、最初は、長保5（1

003）年、第四殿に出現したと伝えられている。
それだけでは後の若宮神社創建には結びつかなかったかもしれないが、長承年間（1132〜1134年）になると大雨と洪水で飢饉が訪れ、疫病が蔓延した。そこで、保元元（1156）年に若宮神社が創建された。この経緯からすると、天押雲根命には祟り神としての性格があったことになる。

聖徳太子に対する信仰は、「太子信仰」と言われ、聖徳太子の神格化が進むとともに広まっていくが、太子の「子」という側面が重視され、成年の太子ではなく、幼い子どもの頃の太子を対象とした信仰が中世において発展していく。子どもを信仰対象とするので「御子神《みこがみ》信仰」とも呼ばれるが、若宮神社に天児屋根命と比売神の子である天押雲根命を祀ったことも、この御子神信仰の一形態と考えられる。

若宮神社は春日大社の摂社と位置づけられたものの、その祭神は正殿の4柱の神とほぼ同列と見なされるようになっていく。それを決定づけるのが、神仏習合を理論化した本地垂迹の考え方であった。

平安時代末期になると、一宮の鹿島神の本地仏は釈迦如来《しゃかにょらい》か不空羂索観音《ふくうけんさくかんのん》とされるようになり、以下、二宮の香取神は薬師如来か弥勒菩薩、三宮の天児屋根命は地蔵菩薩、四宮の比売神は十一面観音か大日如来、若宮は文殊菩薩《もんじゅぼさつ》と定まった。

春日大社にはなぜ鹿が多いのか

本地垂迹は、日本の神は仏教の仏が地上にあらわれたものだという考え方だが、仏と神との間に固定した関係があるわけではなく、それぞれの寺院や神社の都合でさまざまなパターンがとられたが、春日大社の本地仏の場合には意味があった。

というのも、釈迦如来は、春日大社と一体の関係にあった興福寺の中金堂の本尊だったからである。さらに、薬師如来は東金堂の本尊で、不空羂索観音は最初講堂に祀られていたものが南円堂《なんえんどう》に移されたものである。弥勒菩薩も北円堂の本尊である。中金堂は、現在再建の途中で、その本尊も失われてしまったが、ほかの本尊は今でも、それぞれの堂宇に祀られている。

本地垂迹の考え方は、春日大社と興福寺に限らず、日本全国どこでも見られるもので、中世から近世にかけては、あらゆるところでその考え方が応用された。

ただし、春日大社と興福寺では、そこに特有の宗教美術が生み出されていく。それが、「春日宮曼荼羅」と呼ばれるものである。詳しくは、拙著『神も仏も大好きな日本人』でふれたが、これは、御蓋山を背景にして春日大社の境内を描き、山の上などに、興福寺に祀られた本地仏を描き出したものである。なかには、下の方に興福寺の境内を描いたものもあった。

多くの春日宮曼荼羅が作られ、そこには多様なバリエーションが見られた。なかには、春日大社の上に西方《さいほう》極楽浄土の姿を描いた「春日浄土曼荼羅」などというものもあった。こうしたものが作られたのは、平安京に住む藤原氏の系統に属する貴族たちは、簡単に春日詣がかなわなかったため、自宅に宮曼荼羅を飾って、その前で礼拝を行い、参拝した代わりにしたからである。

この春日宮曼荼羅のバリエーションに、「春日鹿曼荼羅」がある。これは、春日神の使いとされる鹿の姿を描いたもので、鹿の上には鞍《くら》があって、そこには榊が乗っている。榊の枝には、本地仏が描かれ、それ全体が金色の日輪によって囲まれている。

春日大社でも、それに隣接する奈良公園でも、そこには多くの鹿が棲息しているが、もともと鹿と結びついていたのは、鹿島神宮から勧請された武甕槌命の場合である。武甕槌命は、その親である天尾羽張神《あめのおわばりのかみ》の代わりに出雲へ派遣されるのだが、その天尾羽張神に天照大御神の命令として出雲行きを伝えたのが天迦久神《あめのかくのかみ》とされ、迦久が鹿児《かこ》に通じることから、鹿の神とされたと伝えられている。

ただこれは語呂合わせによるもので、ほかに天迦久神を鹿に結びつける根拠はない。ところが、そこから鹿は武甕槌命の使いだとされるようになる。鎌倉時代の初期に成立した『古社記』という書物では、神護景雲元（767）年に、白い鹿に乗った武甕槌命が、春日大社の神官の祖とされる中臣連時風《なかとみのむらじのときふう》と秀行《ひでつら》を伴って鹿島神宮を発ち、伊賀国から大和国の安倍山を経て、御蓋山に来臨したと述べられている。この光景を描いたものが、「鹿島立神影図《かしまだちしんえいず》」と呼ばれるものである。

春日の主神が鹿島神から天児屋根命に変わった

このように、春日大社は鹿島神宮と密接な関係をもつとされるのだが、奈良や京都といった都から相当に離れた鹿島の地の神が、それほど重視されるのは不思議なことである。

『常陸国風土記』では、大化5（649）年に鹿島神宮と香取神宮に神郡が設けられたとされている。当時、ほかに神郡を設けられたのは伊勢神宮だけであり、それだけ鹿島香取の両神宮が重要な存在であったことが示されている。平安時代中期の『延喜式神名帳』でも、神宮の名が与えられているのは、やはり伊勢と鹿島香取だけだった。

これは、春日大社とは直接に関係しないが、鹿島香取の信仰として興味深いのが、「要石《かなめいし》」である。表面に出ている部分はわずかだが、要石は実は巨大なものであるとされ、これで地震を起こす大鯰を押さえていると言われてきた。それだけ、この地域では地震が多かったということかもしれないが、江戸時代、とくに安政2（1855）年10月2日に起きた安政大地震の直後には、この鯰を題材にした「鯰絵《なまずえ》」が大量に作られた。

鯰絵には多様な構図があるが、なかには、武甕槌命が鯰を押さえようとしているものもあった。現代の観点で注目されるのは、地震後の復興で金儲けをした大工や材木商が、鯰に感謝している絵である。

鹿島神が春日大社に祀られるようになった初期の時代には、春日大社は鹿島神宮の遥拝所としてとらえられていた。その証拠に、社頭にある鳥居には鹿島神の神額が掲げられていたという。

ところが、若宮神社が祀られるようになる院政期、平安時代末から鎌倉時代はじめになると、むしろ若宮神社に祀られた天押雲根命の親神である天児屋根命が前面に出てくる。

それは、春日大社が鹿島香取の影響を離れ、独自性を打ち出したことを意味する。

延暦寺のトップである天台座主《てんだいざす》となった慈円による『愚管抄《ぐかんしょう》』には、「遠くは伊勢大神宮と鹿島の大明神と、近くは八幡大菩薩と春日の大明神と、昔今ひしと議定して世をば持たせ給ふなり」と記した箇所がある。これは、伊勢や鹿島の神よりも、石清水八幡宮に祀られた八幡や春日神の方が重要性を増してきたことを示している。

さらに、延慶２（１３０９）年に西園寺公衡《さいおんじきんひら》が奉納した『春日権現験記絵《かすがごんげんげんきえ》』には、承平７（９３７）年、春日神が興福寺の僧侶である勝円《しょうえん》に、「慈悲万行菩薩《じひまんぎょうぼさつ》」になると託宣する場面が出てくる。この慈悲万行菩薩とは地蔵菩薩のことであり、それはすでに述べたように、天児屋根命の本地仏である。これは、天児屋根命が春日神の中心、主神になったことを意味する。

廃仏毀釈で仏教色が一掃

春日神に関係する神社として重要なものに、京都の吉田神社がある。吉田神社の祭神は春日神である。ここは、藤原北家魚名流《うおなりゆう》に属する藤原山蔭《ふじわらのやまかげ》という公卿が、一門の氏神として春日神を勧請して創建したものである。それは貞観元（859）年のこととされ、10世紀の終わりからは朝廷の公の祭を司るようになる。

そして、鎌倉時代からは、卜部《うらべ》家が神職を受け継いでいく。この卜部家が、吉田家の前身で、室町時代末期にあらわれた吉田兼倶《かねとも》は、「吉田神道（唯一神道）」を創始し、やがては神道界において圧倒的な影響力をもつにいたる。

同時代に藤原氏の系統に属する人間が、春日神を勧請して創建した神社に、やはり京都にある大野原《おおのはら》神社がある。これを祀ったのは、桓武天皇の后となった藤原乙牟漏《ふじわらのおとむろ》であった。そして、藤原氏の公家たちはその邸内に春日神を勧請して祀るようになるが、興福寺の所領でも鎮守として春日社が祀られるようになり、その信仰が広まっていく。

室町時代には、3代将軍の足利義満が春日大社を篤く信仰し、その後、戦国大名のなかにも春日神を勧請する者があった。春日神が、藤原氏の氏神である以上、それを勧請することは、自らが藤原氏の流れをくむことを示すことに結びついた。このような形で、中世から近世にかけて、春日大社の信仰は広がりを見せていったのである。

そこに大きな転機をもたらしたのが、明治維新の到来である。その際には、神仏分離令が出され、それが廃仏毀釈にも結びついていく。それによって、春日大社から仏教色が一掃される。その社頭で興福寺の僧侶が読経することが禁じられたばかりでなく、仏具も撤去され、春日大社に仕えていた社僧《しゃそう》たちは、還俗《げんぞく》して僧侶をやめ、神官となっていった。

しかも、社寺境内地上知令《しゃじけいだいちじょうちれい》が出され、興福寺は膨大な境内地を奪われる。これによって、興福寺は廃寺同然の状況にまで追い込まれた。

その一方で、春日大社は国から経済的支援を受けられる皇室ゆかりの官幣大社《かんぺいたいしゃ》に列せられたものの、規模は縮小され、興福寺領だった春日山などが奪われた。それで境内地も縮小されたが、戦後には、社寺境内地無償払下げが行われ、その際に、春日大社は境内地を取り戻すことに成功する。それが、今日の春日大社繁栄の基礎となっていくのである。

【この章の主な参考文献】
・上田正昭編『春日明神―氏神の展開』筑摩書房
・根津美術館学芸部編『春日の風景―麗しき聖地のイメージ』根津美術館
・三好和義他『春日大社』淡交社

第7章 熊野

——浄土や観音信仰との濃厚な融合

交通の不便な熊野に浄土を見た平安時代の人々

「蟻の熊野詣」ということばがある。

室町時代に入ると、地方の豪族などが熊野へ参詣に出かけるようになる。そして、江戸時代に入ると、一般の庶民も参詣に訪れるようになる。その数があまりにも多く、蟻の行列のように続いたことから、蟻の熊野詣ということばが生まれた。

熊野の地は、今でも交通が不便である。それでも江戸時代には東北や関東の人間たちがやってきた。地元で彼らは「関東ベエ（あるいは奥州ベエ）」と呼ばれた。関東の人間が、語尾に「ベエ」をつけたからである。彼らは熊野だけを訪れるのではなく、西国巡礼も兼ねていた。西国巡礼は、観音霊場である西国三十三所をめぐる旅で、その第一番が熊野那智《なち》の如意輪堂《にょいりんどう》（現在の青岸渡寺《せいがんとじ》）であった。ほかにも、文人墨客《ぶんじんぼっかく》が数多く熊野を訪れた。

ただ、この熊野詣は、豪族や庶民がはじめたものではない。その先鞭をつけたのが上皇やその后である女院《にょいん》たちで、それは「熊野御幸《くまのごこう》」と呼ばれた。最初に熊野御幸を行ったのは延喜７（９０７）年の宇多上皇である。次いで、正暦３（９９２）年に花山上皇《かざんじょうこう》が熊野御幸を行っている。花山上皇は、那智の滝の上流にある二の滝に庵を結んで千日の修行を行い、その後西国三十三所霊場の旅へ出た。それが西国三十三所のはじまりだともされている。それから、鎌倉時代に入るまで熊野御幸が続く。

初期の熊野御幸では、海路が使われたり、伊勢路が用いられたりした。寛治《かんじ》4(1090)年に白河上皇の御幸の折には、京都から大阪を経て和歌山に入り、田辺から中辺路《なかへち》を通って熊野へと至る参詣のための道が整備された。現在この道は、「紀伊山地の霊場と参詣道」として世界遺産にも指定されている。いわゆる「熊野古道」である。

現在では、世界遺産ということもあり、熊野古道を歩くことがブームにもなっている。ただし、近代に入ると、神仏分離の影響もあり、熊野詣をする人間は激減し、街道も荒廃した。熊野詣が盛んな時代には、街道沿いに多くの神社が祀られていて、そこを順に参拝していくことが参詣の目的にもなっていた。その数が多いことから「九十九王子《くじゆうくおうじ》」と呼ばれていたが、それは一部しか現存しない。

伊勢信仰の章で取り上げた伊勢参りの場合には、物見遊山の面も強かったが、熊野には古市のような遊郭はなく、そうした側面は強くなかった。もちろん、珍しい熊野の地を遊覧するという目的もあったかもしれないが、熊野詣は霊場、聖地をめぐるということに重点がおかれていた。

つまり、信仰があくまで目的になっていたわけだが、熊野に対する信仰として注目されるのは、神道の信仰とともに、仏教の信仰が重要な役割を果たしていたことにある。あるいは、神仏習合の信仰が中心であったと言った方が実情に即しているかもしれない。

熊野詣が盛んになるのは、平安時代に浄土教信仰が流行してからのことである。現在熊野那智大社がある那智は、観世音菩薩の住まう補陀落《ふだらく》浄土と見なされ、その一方で、熊野速玉大社《くまのはやたまたいしゃ》のある新宮は薬師如来の東方浄瑠璃世界《とうほうじょうるりせかい》と見なされた。熊野が浄土であるからこそ、多様な人々が熊野詣を行ったのである。

明らかな自殺行為である特異な習俗「補陀落渡海」

神道の神社のある場所が浄土と見なされることは、神仏分離以来150年を経ている現代の感覚からすれば、奇妙なことに思えるはずだ。

しかし、中世から近世にかけての神仏習合の時代には、むしろそれが当たり前の感覚だった。前の章で春日信仰を取り上げた際に、春日大社と興福寺を同時に描いた「春日宮曼荼羅」についてふれたが、そのバリエーションのなかに、「春日浄土曼荼羅」があった。春日大社の境内も、当時は浄土と見なされていたのである。

那智では、浄土教信仰の延長線上に、特異な習俗として「補陀落渡海《ふだらくとかい》」が生まれた。これは、那智の南方の海にあるとされた補陀落浄土に行き着くことができれば、極楽往生を果たすことができるという信仰である。補陀落渡海は、9世紀半ば過ぎから18世紀のはじめまでくり返された。最盛期は16世紀であった。

補陀落渡海を最初に行ったのは、貞観《じようがん》10（868）年の慶龍上人《けいりゆうしようにん》だったとされる。渡海を敢行する僧侶は、小舟に乗せられ、ほかの船に引かれて沖まで連れていかれる。そこで、曳船との綱が切られ、補陀落浄土へと漂流することになるが、その後彼らがどうなったかは分かっていない。ただし、沖縄に漂着した日秀という僧侶の記録もある。

補陀落渡海は、明らかに自殺行為である。そのため、なかには、これを拒否して、渡海の途中で近くの島に逃げ出したものの、とらえられて、その場で海に沈められた僧侶もいたとされる。この金光坊《こんこぶ》という僧侶については、井上靖が『補陀落渡海記』という小説に書いている。

諸国から補陀落渡海を希望して集まってきた僧侶たちを、先達が那智の浜のすぐ沖にある補陀落島へ導き、観音往生の儀式を行った後に入水させた。結局のところ、死ぬことが、補陀落浄土へ行き着くために必要だと考えられていたわけである。

私が、この補陀落渡海ということについて知ったのは大学生のときで、民俗学者の益田勝実《ますだかつみ》の講義を通してだった。益田は、「フダラク渡りの人々」という論文も書いているが、私はそのことを知って、恐ろしい習俗だと感じた。何しろ、渡海船に僧侶が乗り込むと、釘付けにされ、そこから逃げられなくなるからである。

しかし、こうした習俗が生まれた背景には、補陀落浄土へたどり着くことを望む強い信仰があったことになる。熊野へ多くの人たちを引き寄せたのも、そうした信仰の力である。現代の人間は、いかに長く健康に生きることができるのかにもっぱら関心を抱くが、長寿を保証されていなかった中世や近世の人々は、いつ死が訪れるか分からないと考え、死が避けられないならば、何としても浄土に生まれ変わりたいと望んだ。そうした意識が極端にまで進んだとき、補陀落渡海のような習俗が生み出されたのである。

熊野権現3社で13柱という複雑な正体

では、そもそも熊野の信仰はいかなるものなのだろうか。熊野の神は、熊野神と呼ばれることもあれば、熊野大神と呼ばれることもあるが、もっとも一般的なのは熊野権現という呼び名である。

前の章で取り上げた春日神も春日権現と呼ばれることがある。権現の「権」とは、実に対することばで、仮のものを意味する。権現とは、仏が化身して日本の神としてあらわれたもののことをさす。まさにこれは神仏習合の信仰の産物であり、背景には本地垂迹説がある。これまでの説明からも分かるように、熊野の信仰には、神仏習合の側面が色濃いのである。

熊野権現は、熊野三所権現《くまのさんしょごんげん》とも呼ばれる。ここで言う三所とは、熊野本宮大社、熊野速玉大社、熊野那智大社のことをさす。この三つは本宮、新宮、そして那智と略称されることが多い。

現在では、三つの神社が、それぞれの神社の祭神を相互に祀っていて、一体の関係にあるが、古くは祭神の間に関係はなく、起源も別々だとされている。

その点で、熊野権現の正体は非常に複雑である。しかも、三つの神社の祭神は、３柱の神に限定されない。本宮と新宮では、ほかに９柱の祭神が祀られていて、祭神は全部で12柱に及ぶ。那智では、さらに１柱多く、総数は13柱である。そこから、前者は十二所権現、後者は十三所権現とも呼ばれる。

話はより複雑なことにもなってくるが、現在の本宮には、12柱の祭神は祀られていない。祀られているのは４柱（より正確には５柱）の神だけである。ほかの８柱の神は、現在の社殿には祀られていない。

これは、明治22（１８８９）年に起こった大水害によって、音無川《おとなしがわ》と岩田川が合流する中州に鎮座していた以前の社殿が倒壊し、流失してしまったことによる。２年後に、場所をおよそ５００メートル北に移し、そこに社殿を建て直したものの、上四社《かみよんしゃ》と呼ばれる主要な祭神を祀る社殿だけが再建され、後の中四社《なかよんしゃ》と下四社《しもよんしゃ》は再建されなかった。

水害以前に社殿があった場所は、現在、大斎原《おおゆのはら》と呼ばれていて、そこには二つの石祠《せきし》があり、それが中四社と下四社を祀ったものとされている。

現在の大斎原は片側にしか川が流れていないが、江戸時代の地図を見ると、両側に川が流れ、いかにも水害にあいやすい状況にあったことが分かる。なぜそれほど危険な場所に社殿を建てたのか、それは興味深い謎である。また、上四社しか再建されなかったことも不思議である。

上四社・中四社・下四社

現在の本宮の上四社は、3棟の社殿からなっている。正面向かって左に1棟の横に長い社殿が建ち、右には2棟のむしろ縦に長い社殿が建っている。左の建物は、第一殿と第二殿が一つになった相殿で、第一殿には熊野《くまの》牟《む》須《す》美大神《びのおおかみ》と事解之《ことさかの》男神《おのかみ》を、第二殿には速玉之《はやたまの》男神《おのかみ》を祀っている。前者は那智大社の祭神で、後者は新宮の祭神である。那智の祭神は結大神《むすびのおおかみ》とも呼ばれる。

相殿の右にある第三殿に、本宮の主祭神である家《け》都《つ》美《み》御《み》子大神《このおおかみ》が祀られ、もっとも右の第四殿には天照大神が祀られている。第一殿の別名は西御前《にしのごぜん》で、第二殿は中御前《なかのごぜん》、第三殿は証誠殿《しょうじょうでん》、第四殿は若宮とも呼ばれている。

第三殿の証誠とは、真実であることを証明するという意味だが、この場合は具体的に、諸仏が阿《あ》弥《み》陀《だ》如来《にょらい》の功徳を証明し、それを賛嘆したことを意味する。阿弥陀如来が登場するのは、神仏習合の信仰が関係するからで、家都美御子大神の本地仏は阿弥陀如来と定められている。

第一殿の熊野牟須美大神と事解之男神の本地仏は千手観音、第二殿の速玉之男神は薬師如来、若宮の天照大神は十一面観音となっている。

かつて本宮にあった中四社と下四社の社殿、祭神は、以下のようになっている。

中四社　第五殿　禅児宮《ぜんじのみや》　忍穂耳命《おしほみみのみ》　地蔵菩薩
　　　　第六殿　聖宮《ひじりのみや》　瓊々杵尊《ににぎのみこと》　龍樹菩薩《りゅうじゅぼさつ》
　　　　第七殿　児宮《ちごのみや》　彦火火出見尊《ひこほほでみのみこと》　如意輪観音
　　　　第八殿　子守宮《こもりのみや》　鵜葺草葺不合命《うがやふきあえずのみこと》　聖観音《しょうかんのん》

下四社　第九殿　一万宮《いちまんのみや》　十万宮《じゅうまんのみや》　軻遇突智命《かぐつちのみこと》　文殊菩薩・普賢《ふげん》菩薩
　　　　第十殿　米持金剛《よねもちこんごう》　埴山姫命《はにやまひめのみこと》　毘沙門天《びしゃもんてん》
　　　　第十一殿　飛行夜叉《ひぎょうやしゃ》　弥都波能売命《みずはのめのみこと》　不動明王
　　　　第十二殿　勧請十五所　稚産霊命《わくむすびのかみ》　釈迦如来

なお、上四社の相殿に祀られた２柱の神は両所権現《りょうしょごんげん》、証誠殿の神は証誠権現とも呼ばれ、この３柱の神を総称して三所権現と呼ばれている。そして、若宮と中四社の神々は五所王子、下四社の神々は四所明神とも総称されている。

新宮と那智でも、祭神はほぼ同じような形になっている。ただ、下四社の祭神は、一万宮・

十万宮が国狭槌尊《くにさつちのみこと》・豊斟渟尊《とよくむぬのみこと》、米持金剛が泥土煮尊《ういじにのみこと》、飛行夜叉が大戸道尊《おおとじのみこと》、勧請十五所が面足《おもだるの》尊《みこと》に代わる。那智では、上五社の第一殿として瀧宮《たきのみや》が加えられ、その祭神は大己貴命、もしくは飛瀧権現《ひりゅうごんげん》とされている。本地仏は千手観音である。

こうした祭神は、記紀神話が重視されるようになる近世以降に明確化された可能性が考えられる。重要なのは、禅児宮や一万十万といったそれぞれの宮の名称の方であろう。

熊野神、あるいは熊野権現を勧請した各地にある神社は、熊野神社と呼ばれることもあれば、十二所神社、あるいは十二社神社と呼ばれることもある。それも、熊野神が12柱の祭神から構成されているからである。

春日神の場合にも、4柱の神が合わさったものであった。熊野神は、その点で春日神と似ている。そして、それぞれの祭神の本地仏が定められた点でも共通している。

本宮が、現在の大斎原にあったときには、中四社と下四社の祭神は、それぞれが一つの社殿に一括して祀る相殿の形をとり、上四社の横に並んでいた。新宮では、現在でも上四社は個別に、中四社と下四社は相殿で、やはり横一列に並んでいる。那智の場合には、四社が一列に並び、その右に瀧宮がある。中四社と下四社の8柱の祭神は一つの社殿にまとめて祀られ、上五社の左下に縦に並ぶ形になっている。

結局、熊野神（熊野権現）は、12柱、ないしは13柱の神々の総称であり、とくに本宮、新宮、那智の主たる祭神である証誠殿、速玉神、結大神が三所権現、あるいは熊野三山としてもっとも重視された。そこに仏教の信仰、とくに観音信仰が取り込まれた。さらに、熊野へ至る街道には九十九王子が祀られ、それもまた熊野信仰に組み込まれていった。

神仏習合の傾向が強いところでは、春日神と密接に関係する興福寺がそうであったように、明治維新の際に神仏分離・廃仏毀釈の影響をもろに受け、それまでの信仰体制が解体されることが多かった。熊野三山の場合にも、本宮と新宮では、そこにあった仏堂が廃棄されたものの、那智の観音堂は残された。それは青岸渡寺として再興され、今日でも近代以前の信仰体制をそのまま保っている。熊野では、それだけ神仏習合の傾向が強く、容易に両者を切り離せなかったのであろう。

一遍上人にとって極めて重要だった熊野権現

熊野三山の信仰がどのような形で成立していったのか、正確なところは分かっていない。それぞれの祭神にかんしても、熊野牟須美大神が伊邪那美神であるとされたりもするが、記紀神話に登場するものではない。

もっとも初期の段階においては、本宮と新宮はあったものの、那智は存在しなかった。10世紀頃に成立した『延喜式神名帳』では、全国の著名な神社が列挙されていて、本宮は熊野坐神社、新宮は熊野早玉神社として記載されているが、那智については記載がない。

平安時代の法政書である『新抄格勅符抄《しんしょうきゃくちょくふしょう》』におさめられた大同元《だいどう》（806）年の資料には、天平神護2（766）年に熊野牟須美神と速玉神に4戸の封戸を与えたという記録が残されている。熊野牟須美神は、現在那智の祭神とされているが、この時代には本宮の祭神とされていた。平安時代に、それは熊野坐神とされるようになり、さらに現在の家都美御子神とされるようになっていく。

本宮と新宮という名称が登場するのは、永保《えいほう》2～3（1082～1083）年の頃で、そのときに那智の名前も登場している。さらには、同じときに三所権現の呼び名も登場しており、平安時代後期に熊野三山の信仰が確立されたと考えられる。

鎌倉時代に入ると、今日のような形の社殿が建てられる。その様子は、鎌倉時代に成立したクリーブランド美術館所蔵の「熊野曼荼羅」や、『一遍上人絵伝《いっぺんしょうにんえでん》』に描かれている。前者では、下から本宮、新宮、那智の社殿を描き、あわせてそれぞれの祭神の本地仏を示している。この形式は、前章で取り上げた「春日宮曼荼羅」と共通する。

『一遍上人絵伝』では、三つの社殿が別々に描かれ、しかも、その描き方はかなり詳細である。それは、一遍にとって熊野権現が極めて重要な存在だったからである。そして、『一遍上人絵伝』には、熊野権現そのものも登場する。

拙著『浄土真宗はなぜ日本でいちばん多いのか』(幻冬舎新書)でも述べたように、宗祖の生涯を描いた絵伝は、浄土教信仰において重要な意味をもっていた。宗祖の往生の場面を描くことが、信仰の正しさを証明する意味をもったからである。

一遍も、浄土教信仰を広めるために各地を遊行したが、その際に「南無阿弥陀仏《なむあみだぶつ》」の六字の名号を記した念仏札を配っていた。ところが、本宮に向かう途中の山道で一人の僧侶に出会い、念仏札を渡そうとしたところ、念仏に対する信仰の念がわかないと、それを拒まれてしまう。

一遍は、それに衝撃を受け、自分のやっている行為に迷いを感じるようになる。そこで、本宮に着くと、証誠殿で黙想を行い、自分のやり方が正しいのかどうかを熊野権現に問うた。すると、白髪で山伏姿の熊野権現が一遍の前にあらわれ、衆生《しゅじょう》が往生することは阿弥陀如来の本願で定まっていることだから、相手がそれを受け入れるかどうかにはかまわず、念仏札を配り、念仏を勧めるようにとの神勅を与えられる。

それを機に、一遍は念仏札に「決定《けつじょう》往生六十万人」とのことばを加え、それを配るようになる。その点で、一遍にとって熊野権現は重要な存在となるわけだが、証誠殿の祭神の本地仏はまさに阿弥陀如来なのである。

『一遍上人絵伝』には、一遍の前に熊野権現があらわれる場面も描かれている。この絵伝は、一遍に随行した者の記録をもとに描かれている可能性が高く、しかも、一遍の死後10年しか経っていない時点で作られており、記録性が高いと評価されている。本宮、新宮、那智の社殿も詳細に描かれており、それは「熊野曼荼羅」とも重なっており、当時の姿をそのまま伝えているものと考えられる。

修験者が修行を行うには理想的な場所である熊野

一遍が熊野に向かったのも、そこが浄土と見なされたからだが、熊野三山の信仰を広める上で極めて重要な役割を果たしたのが、「熊野修験」と呼ばれる修験者たちだった。

熊野は深い山に囲まれ、急峻《きゅうしゅん》な山がある上に、鬱蒼《うっそう》とした森があり、巨大な岩も見られる。しかも、那智の滝に代表されるように、数々の滝があり、修験者が修行を行うには理想的な環境である。

そのため、すでに奈良時代から、熊野で山林修行を行う人間があらわれたようだが、それが本格化するのは、平安時代に入り、密教の信仰が広まってからのことである。密教では、山岳修行を通して神秘的な霊力を身につけることが重視される。多くの修験者の霊験記《れいげんき》が残されているが、法華経信仰とも結びつき、11世紀の半ばに成立した『本朝法華験記《ほんちょうほっけげんき》』などには、熊野で修行した法華行者の話が載せられている。

上皇による熊野御幸が盛んになったことについてはすでにふれたが、上皇を熊野へ導いたのが、そうした修験者たちであった。なかでも、もっとも名高いのが、白河上皇を熊野へと導いた園城寺《おんじょうじ》の僧侶、増誉《ぞうよ》である。増誉は、その功績によって熊野三山検校《くまのさんざんけんぎょう》に任じられ、その後、日本独自の山岳信仰である修験道の本山として京都に聖護院《しょうごいん》を開いた。修験道の流れとしては、真言宗系の当山派《とうざんは》と天台宗系の本山派があるが、聖護院は本山派の中心的な寺院として修験者の組織化を推し進めていくことになる。

そもそも、権現という信仰対象は修験道と密接なつながりをもっている。その背景には、各地域に固有の修験道があった。これについては、第10章で取り上げるが、立山修験《たてやましゅげん》の信仰対象は立山権現である。それが白山修験《はくさん》になると白山権現、羽黒《はぐろ》修験では羽黒権現、日光修験では日光権現となり、熊野修験では熊野権現となったわけである。蔵王権現などは、もともとは吉野の金峯山をもとにしているが、各地に広がり、さまざまなところで蔵王権現が祀られている。

那智参詣曼荼羅に描かれた和泉式部と花山上皇

熊野の信仰は、神道、仏教、修験道などさまざまな要素が盛り込まれ、多様で複雑なものであった。その多様性をもっとも巧みに表現しているのが、戦国時代から江戸時代にかけて作られた「那智参詣曼荼羅」である。参詣曼荼羅として、もっぱら那智が描かれたのは、そこが補陀落浄土と見なされ、観音信仰の霊場として多くの参詣者を集めたからである。

那智参詣曼荼羅は、熊野の修験者や比丘尼《びくに》たちが持ち歩き、絵解きを行って、いかに那智大社に功徳があるかを伝え、布教と勧進を行っていった。

那智参詣曼荼羅は31本が残されており、どれも縦横1・5メートルほどの大きさである。基本的な構図は同じで、上に太陽と月を描き、下に那智湾を描いて、那智大社の全景をその上に描き出している。右には那智の滝も描かれるが、たんに自然物や建物が描かれるだけではなく、数多くの参詣者や修行者の姿も描かれ、その信仰がいかなるものかを伝えている。

いちばん下の那智湾には、帆に南無阿弥陀仏の名号を記した補陀落渡海船が描かれ、その船にこれから乗り込もうとする僧侶の姿も描かれている。そして、「日本第一」という額を掲げた鳥居が建ち、その左手では西国巡礼の人々が通行を嘆願している姿が見られる。

さらに左には貴女《きじょ》が立っているが、これは和泉式部である。和泉式部については、那智ではなく本宮にまつわる伝説がある。和泉式部が本宮に参宮に訪れようとしたとき、直前で月のしるしがあらわれた。そこで参拝を遠慮するが、夢のなかに熊野権現があらわれて、参拝には差し障りはないと告げられたというのである。

和泉式部の立つすぐ左には、那智川が流れ、そこには二ノ瀬橋《にのせばし》がかかっている。その川では、禊《みそぎ》をする者もあれば、童子を乗せた龍が顔を出していたりする。これは、花山上皇が那智に赴いたとき、龍神が天降ったという伝説にもとづいている。

その上、左側の部分には、那智大社の社殿が描かれているが、入口は鳥居ではなく、仁王門で、境内にある建物のなかでは、僧侶が経を読んでいる。まるで仏教の寺院のようである。そして、境内の社殿の前では、おそらく花山上皇なのであろう、それを中心に法会が営まれている。

画面右の部分には那智の滝が描かれている。そこでは、文覚《もんがく》が荒行《あらぎょう》を行っている。文覚は、もとは遠藤盛遠《えんどうもりとお》という武士だったが、出家し、伊豆に配流中に出会った源頼朝を助ける。『平家物語』には、文覚が行った荒行について記されているが、彼は、その最中、矜羯羅《こんがら》と制多迦《せいたか》の二人の童子に助けられる。曼荼羅には、そのときの光景が描かれている。

那智参詣曼荼羅は、那智大社がどのような場所であるかを示すとともに、それにまつわる歴史的な事実や伝説を描き出し、その聖地としての全体像を伝える役割を果たしている。その絵解きに接した人間が、熊野を信仰するようになって、そこを訪れたり、熊野権現を勧請して、各地に神社を建てていったのである。

那智大社の大松明の火祭り

熊野神を祀る熊野神社、あるいは十二所神社は、全国におよそ3000社あるとされるが、地域的な片寄りは少なく、ほぼ全国に分布している。この点では、八幡、伊勢、稲荷の信仰と共通しており、そこには熊野信仰がいかに重要なものかが示されている。

聖護院を開いた増誉は、鎮守社《ちんじゅしゃ》として熊野権現を勧請している。現在の京都・東大路丸太町の交差点にある熊野神社である。

生涯に34回も熊野御幸を行った後白河《ごしらかわ》上皇は、東山《ひがしやま》の三十三間堂《さんじゅうさんげんどう》の近くに新熊野《いまくまの》権現を勧請している。現在の新熊野神社である。上皇は、各地の荘園をこの新熊野権現に寄進し、記録に残っているだけでも、30回以上ここに参詣している。さらにもう一つ、禅林寺《ぜんりんじ》（永観堂《えいかんどう》）の北にも、那智権現を勧請して新熊野社を建てている。現在の若王子《にゃくおうじ》神社である。

こうした京都の新熊野社に対する信仰は、室町幕府を開いた足利将軍家にも受け継がれていく。


また、全国各地には、修験者によって熊野信仰が伝えられ、熊野神社が建立されていった。熊野三社をすべて勧請しているのが、宮城県名取市の熊野三社である。なお、沖縄では神社のほとんどが熊野権現を祀っているが、そこには補陀落渡海でそこに流れ着いた日秀の影響がある。

熊野の信仰が全国に広まったのは、それが仏教と深く融合し、浄土教信仰や観音信仰と結びついたことによる。その点では、極めて仏教色が強い信仰である。中世から近世にかけては、どの神社の信仰の場合にも仏教との融合が見られたが、これだけその傾向が色濃いのは熊野信仰の特徴と言える。

そして、全国の熊野社では、熊野牛王符《くまのごおうふ》（牛王宝印《ごおうほういん》とも）という護符を発行した。これは、何かを誓うときの起請文の料紙として用いられ、そこに記された誓を破ると、神罰を受けるとされたのだった。

さらに、熊野の信仰として興味深いのは、火祭りの存在である。那智大社の例大祭として毎年7月14日に行われるが、これは正式には、「扇会式例祭《おうぎえしきれいさい》」、あるいは「扇祭《おうぎまつり》」と呼ばれる。十二所の神々を、高さ6メートルほどの12体の扇神輿《おうぎみこし》に移して、那智の滝まで運んでいくからである。その際に、大松明が登場することから、火祭りとも呼ばれる。

また、速玉大社の摂社である神倉《かみくら》神社では、毎年2月6日に御燈祭《おとうまつり》が行われる。これは、女人禁制の祭で、松明《たいまつ》をもった男たちが、神社の急な石段を駆け下りていくものである。御燈祭に参加することで大人と見なされるので、通過儀礼の役割を果たしている。

【この章の主な参考文献】
・五来重『熊野詣　三山信仰と文化』講談社学術文庫
・篠原四郎『熊野大社』学生社
・別冊太陽『熊野　異界への旅』平凡社
・宮家準『熊野修験』吉川弘文館

第8章 祇園

――祭で拡大した信仰

京都3大祭の1つ葵祭と下鴨神社、上賀茂神社

京都の3大祭と言えば、葵祭《あおいまつり》、祇園《ぎおん》祭、時代祭である。順に、5月、7月、10月に開かれる。どの祭も、京都の風物詩を彩るとともに、観光の重要な目玉にもなっている。

このうち、歴史がもっとも浅いのが時代祭である。これは平安神宮の祭だが、そもそも平安神宮は明治になってから生まれた新しい神社で、その創建は明治28（1895）年である。平安神宮は、平安遷都1100年を記念して、かつての宮城の正庁であった朝堂院《ちょうどういん》を復元したものので、平安遷都を行った桓武天皇と、明治天皇の父で、最後に京都に生活した天皇となった孝《こう》明《めい》天皇を祭神として祀っている。

時代祭は、その新しさもあって、平安時代以降の各時代の衣装を身にまとった人物が行列する観光イベントに近い内容になっている。これに対して、葵祭と祇園祭は歴史も古く、どちらにも日本の伝統的な信仰が生きている。

葵祭は賀茂御祖《かもみおや》神社、いわゆる下鴨《しもがも》神社と賀茂別雷《かもわけいかづち》神社、いわゆる上賀茂《かみがも》神社の祭礼で、かつては「賀茂祭《かもまつり》」と呼ばれていた。葵祭の呼称が生まれるのは江戸時代になってからで、平安時代には、「祭」と言えばそのまま賀茂祭のことをさしていた。

葵祭は、石清水八幡宮の石清水祭と春日大社の春日祭と並ぶ三大勅祭とされ、石清水祭が南《みなみ》

祭《まつり》と呼ばれるのに対して、葵祭は北祭《きたまつり》とも呼ばれてきた。

下鴨神社と上賀茂神社は、奈良時代以前から朝廷の信仰を集めていたとも言われるが、実質的には平安京が誕生してから、その重要性が増した。その証拠に、大同2（807）年に神階の最高位である正一位をともに授けられている。

上賀茂神社では賀茂氏の祖先である賀茂別雷命《かもわけいかづちのみこと》を祭神とし、下鴨神社では賀茂別雷命の母である玉依媛命《たまよりひめのみこと》と、さらにその父である賀茂建角身命《かもたけつぬみのみこと》を祭神として祀っている。賀茂別雷命は、その名が示すように、雷神であり、祟る神である。

その点では、菅原道真を祀った天神、天満宮の前身とも考えられる。記紀神話に登場しないことでも、天満宮と似ている。賀茂別雷命の出生の話は、神道家の卜部兼方《うらべのかねかた》が13世紀後半に著した『釈日本紀《しゃくにほんぎ》』に引用された『山城国風土記』逸文に出てくる。この神のあり方には、京都では、いかに雷が恐れられていたかが示されている。

葵祭の起源も、祟りが関係する。『賀茂縁起』という書物によれば、6世紀の欽明《きんめい》天皇の時代に大飢饉が起こり、卜部伊吉若日子《うらべのいきわかひこ》に占わせたところ、賀茂別雷命の祟りであると判明した。そこで、4月の吉日を選んで、馬に鈴を掛け、人には猪頭《ししがしら》（猪の頭の形を真似たもの）をかぶせて駈け競べをさせたところ、風雨がおさまり、豊穣がもたらされたというのである。

重要なことは、弘仁元（810）年以降、伊勢神宮の斎宮と同様に、下鴨神社と上賀茂神社には斎院が設けられ、内親王や女王から選ばれた斎王が祭を主宰するようになった点である。

つまり、葵祭（当時は賀茂祭）は、朝廷の正式な祭となったわけで、国家的な行事にほかならなかった。『源氏物語』の「葵」の巻には、光源氏の正妻・葵の上と、光源氏の恋人である六《ろく》条御息所《じょうみやすどころ》がこの祭の見物のための場所をめぐって争う「車争い《くるまあらそ》」の場面が出てくる。

また、下鴨神社と上賀茂神社では、平安時代以降、21年に1度社殿を一新する式年遷宮が営まれるようになり、ここでも伊勢神宮に似ている。ただし、現在では修復が行われるだけで、社殿が一新される形ではなくなっている。

日本全国には、下鴨神社と上賀茂神社から祭神を勧請した加茂神社、ないしは賀茂神社が300社近く存在している。神社の数としては、全体のなかで25位である。それほど多くはないので、とくに賀茂信仰について章を立てなかった。

日本3大祭の1つ祇園祭の山鉾巡行

葵祭が朝廷や貴族の祭であるのに対して、祇園祭は京都庶民の祭であり、京都の三大祭のなかではもっとも盛んである。そして、大阪の天神祭と東京の神田祭《かんだまつり》（山王祭《さんのうさい》）と並んで、日本三大祭にも数えられている。

現代のイメージでは、八坂《やさか》神社の祭礼である祇園祭のハイライトと言えば、山鉾巡行《やまほこじゅんこう》のことが真っ先に思い浮かぶ。現在では33基の山鉾があり、どれも豪奢《ごうしゃ》な飾りつけがなされている。巡行は7月17日に行われ、その前の3日間は宵山《よいやま》と呼ばれる。宵山の期間中、町に出た山鉾には提灯《ちょうちん》の明かりがともされ、「コンチキチン」の祇園囃子《ぎおんばやし》も奏でられる。その期間には、ほかにも各種の行事があり、巡行に向けて盛り上がりを見せていく。

巡行の際の順番は、7月2日に行われる「くじ取り式」で決定されるが、先頭は、「くじ取らず」とも言われる長刀鉾《なぎなたぼこ》に定まっている。ほかにも、いくつか順番があらかじめ定まっている鉾がある。くじ取り式は市議会の議場で開かれる。

ただし、山鉾巡行は、本来は余興として後に生まれた「付け祭」で、本来の祇園祭は、巡行の後、夕刻から行われる神幸祭《しんこうさい》の方である。神幸祭には、中御座《なかござ》神輿《みこし》、東御座《ひがしござ》神輿、西御座神輿と呼ばれる3基の大神輿が登場し、氏子町内を渡っていく。1000人を超える男たちが神輿を担ぎ、神輿が暴れ狂うので、山鉾巡行とは対照的に、祭は勇壮なものに転じていく。

中御座神輿には素戔嗚尊が、東御座神輿にはその妻である櫛稲田姫命《くしなだひめのみこと》が、西御座神輿には素戔嗚尊の8人の子どもである八柱御子神《やはしらみこがみ》が乗っているとされる。いずれも八坂神社の祭神である。暴れ終えた神輿は、四条寺町《しじょうてらまち》にある御旅所に入り、24日の還幸祭《かんこうさい》までそこにとどまる。還幸祭では、御旅所からそれぞれの氏子町内を通って、八坂神社に戻るが、途中、祇園祭発祥の地とされる御供社にも立ち寄る。

下鴨、上賀茂ともに祭神は雷神

祇園祭は、国の重要無形民俗文化財に指定され、毎年40万人を集める京都の風物詩になり、その光景は、必ずテレビのニュースでも取り上げられる。

しかし、祇園祭は観光のためにはじまったものではない。それは、怨霊を鎮めるための御霊会としてはじまったもので、当初は、現在の姿とはまったく異なるものだった。

そもそも、八坂神社という名称自体が、古くからのものではなく、明治以降のものである。それ以前は、祇園社、祇園天神社、祇園感神院《かんしんいん》などと呼ばれていた。祭神も、明治以前は、中御座《なかみくら》が牛頭天王《ごずてんのう》、東御座が八王子、西御座が頗梨采女《はりさいじょ》とされていた。現在の東御座と西御座では反対に祀られている。さらに遡ると、牛頭天王は天神として祀られていたとされている。祇園天神社という呼称は、これと関連する。

素戔嗚尊や櫛稲田姫命であれば、それは記紀神話に登場する。しかし、牛頭天王や頗梨采女となると、神話に登場する神ではない。どちらも、歴史の途中で、素戔嗚尊や櫛稲田姫命と習合したものである。

現在、八坂神社が鎮座する八坂郷《やさかごう》には、観慶寺《かんけいじ》という寺院が建てられ、祇園寺《ぎおんじ》とも呼ばれていた。その観慶寺の境内に天神堂が設けられ、そこに天神と頗梨采女、そして八王子が祀られていたとされる。

観慶寺は、定額寺《じょうがくじ》（奈良、平安時代に官大寺、国分寺に次いで国家から特別な待遇を受けていた寺院）ともなったが、元徳《げんとく》３（１３３１）年に制作された「祇園社古絵図《こえず》」を見ると、そこでは祇園社の社殿が大きく描かれている。その西に薬師堂が描かれ、そこに観慶寺と注記されている。この絵図は、寛和《かんな》２（９８６）年に遡る可能性のあるもので、その時代には寺の方が衰えて、天神堂の方がむしろ発展していたことを示している。

天神と言えば、今ではもっぱら菅原道真を祀る天満宮のことをさすようになっているが、天神地祇《てんじんちぎ》（天地すべての神々）ということばがあるし、天の神や天空神一般をさす名称としての性格ももっている。そもそも神は天にある高天原から降ってくるものとも考えられているわけで、天神は神と同義であるとも言える。そして、その性格から雷神とも習合しやすい。

天神の章で述べたように、北野天満宮が創建される以前に、そこには天神が祀られていた可能性がある。下鴨神社と上賀茂神社の祭神である賀茂別雷命も雷神であり、それは天神であるとも言える。平安時代の京都には、いたるところに天神が祀られていて、後にそれが差別化され、別の神と習合することで、異なる信仰を形成していったと見ることができる。八坂神社の場合には、天神が牛頭天王としてとらえられるようになることで、独自の信仰が生み出されていったのである。

牛頭天王はやはり渡来の神なのか

では、天神と習合した牛頭天王というのはいかなる存在なのだろうか。

それは、由来が必ずしも明確ではない神格であり、どこからどのような形で生み出されてきたかは必ずしもよく分かってはいない。記紀神話には登場しないし、インド由来の神というわけでもない。また、八幡のように渡来人が祀っていた神でもない。

牛頭天王は、その名称が示すように、頭部に牛の頭を戴く形をとっている。平安時代の「辟《へき》邪絵《じゃえ》（疫鬼を懲らしめる神の絵）」に登場し、そこでは、善神である天刑星《てんけいせい》に食べられようとしている。後には、この天刑星と習合するが、「辟邪絵」ではあくまで脇役であり、それほど重要な存在ではなかった。その点では、祇園社で祀られることによって、その重要性が増したと言える。

鎌倉時代に成立したと考えられる『祇園牛頭天王御縁起』という書物には、牛頭天王の本地仏が薬師如来で、武答《ぶとう》天王の一人息子として日本に垂迹したとされている。薬師如来は、すでに述べたように、観慶寺の本尊だった。

また、平安時代末期に成立した『伊呂波字類抄《いろはじるいしょう》』の「祇園」の項目では、天竺《てんじく》の北方にある九相国《きゅうそうくに》の王で、沙羯羅竜王《しゃがらりゅうおう》の娘と結婚して八王子を生んだとされ、武塔天神とも言うとされている。そこでは、父が東王父《とうおうふ》で、母が西王母《せいおうぼ》とされていた。西王母についてはよく知られているが、どちらも中国の道教の神である。

武塔天神（武答天王）については、『釈日本紀』に引用されている『備後国風土記《びんごのくにの》』逸文の「疫隈 国社《えのくまのくにつやしろ》」という箇所に出てくる。武塔は、朝鮮語でシャーマンを意味するムータンに通じるとされるが、北海の神だった武塔天神は、嫁を探すために南海を訪れ、自ら素戔嗚尊と称したという。

そして、この逸文には、蘇民将来《そみんしようらい》のことが出てくる。武塔天神が、旅の途中、将来と名乗る兄弟に出会い、宿を貸してくれるよう頼むと、貧しい兄の蘇民将来は宿を貸してくれたが、金持ちの弟、巨旦《こたん》将来は断った。その後、疫病が流行したとき、武塔天神は、弟の妻になっていた蘇民将来の娘に茅《かや》の輪の目印をつけさせ、彼女以外弟の一族をすべて滅ぼしてしまった。この物語から、災厄や疫病を除けるための「蘇民将来護符」が生まれることとなる。

このように、天神、牛頭天王、素戔嗚尊、武塔天神、そして蘇民将来は、一つに習合しており、同一の神であると言ってもいい存在である。そして、当初は、災厄や疫病をもたらす神として考えられていたのが、後には、それを祀れば、災厄や疫病から逃れることができるという信仰を生み出していくこととなった。

牛頭天王は渡来人が祀っていた神ではないと述べたが、そのルーツが朝鮮半島に求められる可能性も残されている。

『日本書紀』一書第四には、素戔嗚尊が「新羅国に降到り、曾尸茂梨《そしもり》の処に居します」と述べられている。実際、ソウルから東北東およそ１００キロメートルのところには、牛頭山と呼ばれる小さな墳丘がある。ソシモリとは、高い柱の頂上の意味で、それは神を迎えるためのものである。古代韓国語で、ソシの音に牛の字を、モリに頭の字をあてると、ソシモリは牛頭になる。

また、吉田神道を開いた吉田兼倶が室町時代に撰したとされる『二十二社註式《にじゅうにしゃちゅうしき》』という書物においては、「牛頭天王は初めて播磨《はりま》明石ノ浦に垂迹し、広峯《ひろみね》に移る、その後北白川東光寺に移り、その後元慶《がんぎょう》年中（８７７～８８５年）に感神院に移る、託宣に我は天竺祇園精舎の守護の神なりと云々、故に祇園社と号す」と述べられている。神が鎮座するまでに各地を経巡ることは、八幡や伊勢の場合にも見られた。牛頭天王が祇園社と結びつくのは、それが、釈迦の僧坊である祇園精舎の守護神だからだというのである。これは、祇園社が最初、仏教の寺院である観慶寺の境内に祀られたことと関係する。

神事と芸能が交じった祇園の御霊会

では、この祇園社と祇園祭との関係はどのようなものになるのだろうか。

祇園祭は祇園御霊会としてはじまる。御霊会とは、冤罪で亡くなった死者の霊、御霊をなだめるためのもので、御霊はその祟りによって疫病や天災をもたらすと考えられていた。平安時代に入ると、疫病の流行や天災が相次いだ。平安時代に編纂された歴史書の『日本三代実録《にほんさんだいじつろく》』の貞観5（863）年の条には、藤原基経《ふじわらのもとつね》と藤原常行《ときつら》を遣わして、天皇のための庭園であった神泉苑《しんせんえん》で御霊会を行ったと記されている。

このときに御霊とされたのは、崇道《すどう》天皇（早良《さわら》親王）、伊予《いよ》親王、藤原吉子《ふじわらのよしこ》、橘 逸勢《たちばなのはやなり》、文室宮田麻呂《ふんやのみやたまろ》である。ここで興味深いのは、御霊会を行う際に、机の上に花果《かか》を盛って、『金光明経《こんこうみょうきょう》』と『般若心経』を説くとともに、楽を奏し、奇術や曲芸、物真似などの雑伎や散楽《さんがく》などの芸能を競い、さらには角力《すもう》、騎射《きしゃ》、競馬などの演戯が行われたことである。そのために人々が群参したとされるが、御霊会は、当初の段階から、今日の祇園祭がそうであるように、神事であるとともに、芸能的な要素を伴っていた。

ただしこれは、御霊会であって祇園御霊会ではない。八坂神社の社伝である『祇園社本縁録』には、それから6年後の貞観11年に、天下に疫病が流行し、朝廷の命令を受けた卜部日良麻呂が6月7日に、諸国の数にちなんで66本の長さ二丈の矛を建て、同じ月の14日に、洛中の男児と近隣の百姓を率いて神輿を神泉苑に送り、そこで祀ったとある。これを祇園御霊会と称し、毎年6月7日と14日が恒例になった。

ここに見られるように、祇園御霊会がはじまった段階では、現在の神幸祭・還幸祭に登場する神輿の渡行は行われていなかった。それがはじめて記録にあらわれるのは、12世紀後半に描かれた『年中行事絵巻』においてである。これは、後白河上皇が大和画の画家・常盤《ときわ》光長《みつなが》らに描かせたもので、原本はしだいに散失し、おまけに江戸時代の内裏の大火で焼失したため、一部模本が残されているだけである。その6ノ12に、御霊会のことが記され、そこでは楽器にあわせて踊る田楽、散楽、獅子などに囲まれた3基の神輿が認められる。

その3基のうち、当時は牛頭天王の妻である頗梨采女が乗る西御座神輿は、「少将《しょうしょう》井《のい》」と呼ばれるようになっていた。少将井とは、京都市中、現在の京都市中京区烏丸通竹屋町下ルの付近にあった名井で、そこが西御座神輿の御旅所になっていたことから、この名称が生まれた。

その背景には霊水に対する信仰があったものと考えられるが、頗梨采女は龍王の娘ともされ、もともと霊水と結びつく要素をもっていた。京都の下には、琵琶湖から流れ込んだ豊富な地下水があり、それが京都の食文化を支える役割を果たしているが、少将井としての頗梨采女はその象徴となり、3基のなかでもとくに注目されるようになっていく。

平安時代は、御霊信仰が盛んに流行した時代であった。牛頭天王は、そのなかで注目され、信仰を集めるようになるが、しだいに社会が安定に向かっていくにつれて、むしろ女神としての頗梨采女の方がクローズアップされ、信仰の中心を占めていく。それは、菅原道真の怨霊に発した天満宮の信仰が、しだいに学問の神へと変化していったことと併行している。

祇園祭の山鉾はいかにして生まれたか

現在では祇園祭の中心を担うようになった山鉾巡行のはじまりは、長保元《ちょうほう》（999）年に、曲芸や手品を行う雑芸者の無骨《むこつ》という人物が、天皇の即位儀礼である大嘗祭で用いられる作り物の標山《しめやま》に似せて作山《つくりやま》を作り、行列に加わったのが最初であるとされているが、この話にどれだけ根拠があるのかは分からない。

それでも、室町時代の14世紀になると、公家の日記には、毎年の祇園会に鉾が登場したことが記録されている。そして、『祇園社記』という資料には、応仁の乱の前の段階で、58基の山鉾があったと述べられている。

この時代、山鉾は祇園社が所有し、社家が分担してそれを管理していた。それが、15世紀になると、町衆が所有する山鉾と入れ替わるようになっていった。これによって、祇園社から神輿が渡っていく渡御《とぎょ》があり、神輿が渡る都大路の往来を祓うために、町衆の手によって山鉾巡行が行われるという、今日にまで受け継がれるスタイルが確立された。

しかし、応仁の乱が勃発すると、京都は長く戦乱に巻き込まれ、壊滅的な打撃を受けた。それは祇園会にも影響を与え、乱から33年が過ぎた明応9（1500）年まで、祭は中止された。再興されたその年には、36基が巡行に参加したとされる。さらに、天文法華《てんぶんほっけ》の乱（比叡山延暦寺の衆徒が、京都の法華一揆と対立し京都の日蓮宗の21寺を襲った事件）が起こり、天文2（1533）年には、神輿の渡御が中止されたものの、町衆からは山鉾巡行のみを行いたいという要求が出され、それが実施された。祭の中心は、すでに山鉾巡行に移っていたのである。

そして、戦国時代に終止符が打たれ、天下統一がなされた安土桃山時代に入ると、祇園会は盛んなものとなり、その光景がさまざまな形で記録されるようになる。室町時代最末期から安土桃山時代初期の『祇園社大政所絵図』では、祇園会の賑わいが描かれ、神輿の渡御や長刀鉾《なぎなたぼこ》などの巡行の様子とともに、牛頭天王の本地仏である薬師如来や頗梨采女の十一面観音、八王子の文殊菩薩も描かれている。これは、「春日宮曼荼羅」などと共通する。

祇園会が再興されて以降、室町時代から江戸時代にかけては、京都の市中である洛中と、郊外である洛外の光景を俯瞰した形で描く各種の『洛中洛外図』が製作されるが、そのなかには、神輿の渡御や山鉾巡行も必ず描かれた。江戸時代初期の『祇園祭礼図絵巻』になると、御旅所へと向かう22基の山鉾が個別に、また詳細に描かれており、今日に近い形をとっていたことが分かる。

怨霊を祓うことから一般庶民の町の行事へ

山鉾巡行の担い手となったのは、京都の町衆《まちしゅう》である。そこには京都の町における商業の発達が関連していた。祇園社は、創建当初は、南都興福寺の支配下にあったものの、10世紀末には、延暦寺が争って、それを支配するようになった。つまり、延暦寺が京都市中を支配するための拠点となったわけである。延久2（1070）年には、鴨川の西岸の広大な土地が祇園社の境内として認められ、そこは朝廷の権力から「不入権」を認められた。それだけ、祇園社の力は絶大だったわけである。

したがって、京都の商工業者の集まりである材木座、練絹座《ねりぎぬざ》、小袖座、袴座、綿座、菓子座、釜座の7座は、祇園社によって支配された。各座に属する商工業者は、祇園会の際に奉仕することで、その活動を認められたのである。

町衆が山鉾巡行の担い手となることによって、祇園会は庶民性を増し、さらには、怨霊を祓うよりも、町の行事としての色彩を強めていった。たとえば、稚児《ちご》や囃子《はやし》方《かた》（笛や太鼓）といった形で子どもが参加する場面が少なくないが、それは祭への参加が子どもが成長していく上での通過儀礼の側面を強くもっていることを意味する。

そして、山鉾を引く町内同士の間で対抗関係が生まれ、それが山鉾をより豪奢なものにすることに結びついていった。たとえば、先頭をつとめる長刀鉾の場合、鉾先には伝説的な刀工《とうこう》、三条小鍛《さんじょうこか》冶《じ》宗近《むねちか》作とされる大長刀《おおなぎなた》がつけられ、屋根裏の金地《きんじ》著彩群鳥図《ちゃくさいぐんちょうず》は江戸時代後期の画家、松村景文《まつむらけいぶん》の筆になるもので、破風の彫刻はやはり江戸時代後期の片岡友輔《かたおかゆうほ》の作である。

前掛《まえかけ》（山鉾の前面を覆う掛物）には本来、敷物であるペルシャ花文緞通《かもんだんつう》とペルシャ絹緞通が、胴掛《どうかけ》（同じく側面を覆う）には中国玉取獅子《たまとりじし》文緞通、卍《まんじ》花文緞通、梅枝文《うめえだもん》緞通、トルコ花文緞通といった18世紀の緞通（絨毯《じゅうたん》）類が用いられている。山鉾が、「動く美術館」と呼ばれる所以である。

もう一つ、それぞれの山鉾では、宵山の日に、護符や各種の祭礼品を販売するが、そこには、「蘇民将来之子孫也」と記されている。これはすでに述べた蘇民将来の信仰に由来するもので、厄除《やくよ》けであり、御霊会の伝統を受け継ぐものと言える。八坂神社の境内には、疫神社が祀られているが、その祭神は蘇民将来である。

祇園祭は、山車や囃子、踊りなどが出て華やかである上に、その担い手が一般の町人であったことから、全国に広がり、今でも各地では祇園祭が営まれている。それを伝播させる上で、北前船の役割が大きく、東北や九州にも広まっていった。

博多祇園山笠の「追い山」

全国の祇園祭のなかでもっとも名高いのが、福岡の博多祇園山笠で、それは博多区の櫛田神社の祭礼である。この祭は、鎌倉時代に、博多の承天寺の開山となった聖一国師が疫病退散のためにはじめたともされるが、室町時代に、京都の祇園社から祭神を勧請し、やがて博多の町衆が担い手となっていった。祭のクライマックスは、舁山《かきやま》（車輪のない人が担ぐ山車）が疾走する「追い山」である。

ほかにも、福島県会津の田島祇園祭、埼玉県熊谷市鎌倉町の愛宕《あたご》神社に合祀されている八坂神社のうちわ祭、神奈川県藤沢市江島神社の末社八坂神社の天王祭、岐阜県垂井町《たるいちょう》八重垣神社の垂井曳山祭《ひきやままつり》、愛知県津島市津島神社の天王祭、島根県津和野町弥栄《やさか》神社の鷺舞《さぎまい》、福岡県北九州市の戸畑《とばた》祇園山笠などが、京都の祇園祭の影響を受けた祭である。大阪の岸和田市、岸城《きしき》神社の岸和田だんじり祭は、勇壮なだんじりの疾走で名高いが、岸城神社は牛頭天王社と八幡社を一つにまとめて合祀して成立した神社である。

個別の神への信仰は、これまで見てきたように、勧請という行為によって広まっていくわけだが、祇園信仰の場合には、祭が伝播の上で重要な役割を果たした。そこに、この信仰の特徴がある。さらにそこには、蘇民将来の信仰がかかわり、厄除け、厄落としとして広まっていった。

なお、須佐之男命と稲田姫命《いなだひめのみこと》を祀った神社としては、大宮の氷川神社がある。ここは、武蔵一宮であるとともに、全国の氷川神社の本社である。

氷川神社の摂社に門客人《もんきゃくじん》神社というものがあり、それはもともとは荒脛巾《あらはばき》神社と呼ばれていた。これは、この地の地主神で、そこに出雲系の神である素盞嗚尊を祀る人間たちがやってきて、それを祀るようになったと考えられる。

こうした創建の事情から考えても、八坂神社とは異なっており、両者の間に直接の関係はない。八坂神社の場合、素盞嗚尊を祭神とするようになり、氷川神社と共通するようになったのは明治に入ってからのことである。祇園の信仰と氷川神社の信仰の系統とは、まったく別のものと考えるべきである。

【この章の主な参考文献】
・真弓常忠『祇園信仰』朱鷺書房
・同　編『祇園信仰事典』戎光祥出版

第9章 諏訪

——古代から続くさまざまな信仰世界

死亡者も出る御柱祭

諏訪信仰は、長野県諏訪市にある諏訪大社を中心とした信仰である。この信仰は、諏訪地方を超えて全国各地に広がっている。

第1章で紹介した「全国神社祭祀祭礼総合調査」では、諏訪信仰に関連する神社は、全国に2616社あり、全体の第6位である。昭和59（1984）年に行われた別の調査では、諏訪大社の分社は全国に5590社あるとされた。摂社末社を合わせれば、1万社を超えるとも言われる。

諏訪大社と改称されたのは戦後の昭和23（1948）年のことで、それまでは諏訪神社と呼ばれていた。古くは諏訪社というのが一般的な呼称だった。鹿児島県には、諏訪信仰の系統を引く神社として南方神社がいくつもあるが、ミナカタの名は、諏訪大社の祭神である建御名方《たけみなかたの》神《かみ》に由来する。

諏訪地方以外の人々が、諏訪大社の存在を意識するのは、6年に一度、寅《とら》と申《さる》の年に行われる「御柱祭《おんばしらさい》」についての報道に接したときである。人を乗せたまま巨大な木の柱を傾斜30度の坂から80メートルにわたって落とす「木落《きお》とし」は、その勇壮さで知られる。死傷者を出すことも多く、日本各地の祭のなかでももっとも危険なものの一つであり、その分注目度も高い。

柱を建てる際の「建御柱《たておんばしら》」も、同様に人が柱の上に乗って行われるので危険である。

近年では、平成22（2010）年に御柱祭が行われているが、そのときにも、建御柱で2名が死亡した。地元では、それを名誉なことと考える人々もいるが、逆に名誉ではないと考える人々もいて、評価は分かれる。しかし、危険だから、この行事を中止しようという声はほとんど上がってこない。安全志向が強い現代では希有なことだが、それだけこの祭が神聖視され、特別視されているとも言える。

御柱祭では、こうした勇壮さや危険性がもっぱら注目されるが、山から木を伐り出してきて、それを引いていくという点では、伊勢神宮の式年遷宮と共通している。違うのは、その木で社殿を建てるか、木をそのまま柱として建てるかだが、御柱祭でも、宝殿という重要な建物を建て替えて遷座する行事も営まれており、その形態は式年遷宮に似ている。

しかも中世においては、宝殿だけではなく、鳥居、御門屋《みかどや》、舞台、大廊《たいろう》、御炊殿《おんかしぎどの》、三間廊《さんけんろう》、七間廊、池廊《いけろう》といった建物の建て替えも行われており、式年遷宮により近いものだった。

一部であるとは言え、式年遷宮の形式が諏訪大社において保たれているということは、その信仰が古代的なものに根差している可能性を示唆している。

実際、諏訪大社の信仰世界を繙《ひもと》いていくと、これまで見てきた各種の信仰に比較しても、古い時代から継承されてきたとおぼしきものをさまざまな形で見出すことができるのである。

諏訪大社の4つの神社の3柱の神

ここまで、諏訪大社という呼称を用いてきたが、諏訪を訪れても、諏訪大社という単体の神社にお目にかかることはできない。諏訪大社は上社《かみしや》と下社《しもしや》に分かれ、上社はさらに本宮《ほんみや》と前宮《まえみや》に、下社は秋宮《あきみや》と春宮《はるみや》に分かれている。つまり諏訪大社は4つの神社の集合体であり、それぞれの神社は別々の場所に祀られている。上社の本宮と前宮が諏訪湖の南にあるのに対して、下社は湖の北にある。

祭神については、上社本宮が、すでにふれた建御名方神で、前宮がその妃である八坂刀売神《やさかとめのかみ》を祀っている。下社の祭神はどちらも、この二柱の神と建御名方神の兄とされる八重事代主神《やえことしろぬしのかみ》（事代主神）を祀っている。

建御名方神は、『日本書紀』には出てこないものの、『古事記』の国譲りの場面に登場する。そこでは、大国主の子とされる。鹿島神宮の主祭神である建御雷神《たけみかづちのかみ》（武甕槌神）が大国主に対して国譲りを迫ると、事代主神が承諾したのに対して、建御名方神は建御雷神に力くらべをするよう申し出る。ところが、建御名方神は勝負に負け、そのまま逃げ出してしまい、諏訪湖に至る。そして、追ってきた建御雷神に対して、この地を出ないので助けてくれと命乞いをした。なお、その妻である八坂刀売神については、『古事記』にも出てこない。

この『古事記』の物語によって、建御名方神と諏訪との関係が説明されるが、となると建御名方神は一方的な敗者である。

地元では、諏訪大社の祭神は、建御名方神としてよりも、「諏訪明神」として認識されている。あるいは、「お諏訪さま」とも呼ばれる。そして、この諏訪明神の正体は「ミシャクジ」ではないかとも指摘されている。

ミシャクジには、ミシャグチ、サクジ、オシャモジなど、さまざまな呼び名がある。日本の民俗学の開拓者である柳田國男《やなぎたくにお》は、「石神」あるいは、道が分岐したところに祀られる「塞《さえ》の神」としてとらえたが、ミシャクジは道祖神、性神、蛇神、守屋神、農耕神、風水神などの性格をもっていると言われる。諏訪地方では、「ソソウ神」と呼ばれる蛇神としての性格が強いとされている。

文和3(1354)年の奥書《おくがき》(書写年月日)のある諏訪社の『年内神事次第旧記《ねんないしんじしだいきゅうき》』では、12月23日の夜に、前宮の神殿である御室《みむろ》に、藁か茅で作った蛇体を御神体として三体入れたとある。これは「御房《ごぼう》」と呼ばれ、長さは5丈5尺(16・5メートル)、太さは2尺5寸(75センチ)あり、巨大なものだった。現在、「御柱祭」で用いられる御柱はかなり長くなっているが、当時はその程度の長さであったと考えられる。これは、御柱が蛇体である可能性を示唆している。

また、それより100年ほど前に成立した『諏訪大明神画詞《えことば》』では、弘安《こうあん》2(1279)年

6月に、蒙古が来襲した元寇の際、諏訪大明神が大龍に化身して雲に乗って西に飛び、蒙古の大軍を退散させたとも述べられている。

御神体の蛇と2匹の生け贄の蛙

蛇神ということで思い起こされるのが、第5章でふれた奈良の大神神社の祭神、大物主のことである。そこで三輪伝説についてふれたが、大物主は蛇となって活玉依毘賣《いくたまよりひめ》のもとへ通ってきたとするものもある。

ここで注目されるのは、諏訪大社と大神神社における信仰のあり方に共通したものが見られる点である。

大神神社には拝殿しかなく、背後の三輪山が神体山となっているわけだが、諏訪大社でも、上社前宮を除くと、どれも幣拝殿《へいはいでん》と呼ばれる拝殿しかなく、本殿をもっていない。上社本宮では、拝殿の後背林である通称「御山《おやま》」が御神体とされている。下社秋宮ではイチイの神木《しんぼく》、春宮ではスギの神木が御神体となっている。

御神体が神体山であるということは、大神神社と同じように、古い時代の諏訪大社においては、幣拝殿もなかったと考えられる。鎌倉時代中期の『諏訪上社物忌令《ぶつきれい》』の縁起文という文書によれば、上社には三つの壇があり、上壇は石の御座、中壇は玉宝殿《ぎょくほうでん》、下壇は毎月の神事をつとめるところとある。下壇は幣拝殿として考えることができるし、玉宝殿は東西の宝殿のことだろう。

実際、すでに見た『諏訪大明神画詞』では、「上壇は尊神の御在所、鳥居格子のみあり、其の前に香花の供養を備う」とあり、「中の壇には宝蔵経所《ほうぞうきょうしょ》斗《ばか》りなり」とされ、下壇には拝殿回廊が軒を連ねると記されている。すでにこの段階では幣拝殿が存在したことになるが、諏訪明神の居る場所には社殿がなかった。鳥居だけがあったというところも大神神社に似ている。

問題は上壇で、『諏訪上社物忌令』の縁起文からすれば、そこには磐座があったことになる。諏訪大社とその周辺には、「諏訪七石」と呼ばれる巨石があり、御座石《みくらいし》、御沓《おくつ》石、硯石、蛙石、小袋石、小玉石、亀石からなっている。このうち御座石が石の御座に相当するものと考えられるが、それは現在、諏訪大社の摂社で、諏訪湖の東南にあたる茅野《ちの》市の御座石《ございし》神社に存在している。境内にあって、信仰の対象となっていた可能性があるのが硯石で、現在は幣拝殿の右横にある。

諏訪大社の神体山である御山は、標高１６５０メートルの守屋山へと続いており、この守屋山こそが神体山であると言われることもある。守屋山の東峰の頂上には、守屋神社奥宮があり、そこに磐座もある。諏訪大社のもっとも古い信仰の形態では、これが御神体で、硯石はそれを拝するための役割を担っていたのかもしれない。

さらに、諏訪大社で行われる年中行事、祭礼にも古代に通じるものが含まれている。

上社本宮では、正月元旦の朝に「蛙狩神事《かわずかりしんじ》」が営まれる。これは、蛙を生け贄《にえ》にするもので、宮司以下の神職が見守るなか、二人の使丁役《しちょうやく》が本宮前を流れる御手洗川《みたらしがわ》に入り、氷を割って、2匹の蛙を生け捕りにする。神前で、蛙の胴体を柳枝《りゅうし》の弓と篠竹の矢で射抜き、それを捧げるのである。

この行事のことは、『諏訪大明神画詞』にも現在と同じ形で出ており、その歴史は古い。蛙狩神事の目的についてはさまざまな説があるが、龍神である諏訪明神に対する贄としたと考えると理解しやすい。

蛙狩も、狩猟の一形態として考えることができるし、蛙が生け贄にされる点でも、狩猟儀礼の一種として見ることができる。

盛大な上社の御頭祭、御射山祭、下社の筒粥神事、お舟祭と御神渡り

上社の重要な行事のなかには、こうした狩猟儀礼としての性格をもつものが多い。その代表が、4月15日の「御頭祭《おんとうさい》」と8月26日から28日までの「御射山祭《みさやまさい》」である。後者は、同時に下社でも行われる。

御頭祭は、酉《とり》の祭とも呼ばれるが、そこで言う頭とは鹿の頭部のことで、現在では、剝製の

鹿の頭が神前に献じられる。あわせて、鹿肉の塊も神饌として捧げられる。かつてはもっと盛大で、『諏訪大明神画詞』には、「禽獣《きんじゅう》の高もり魚類の調味美を尽す」とあり、山海の幸が神前に積み上げられた。江戸時代における神をもてなすための饗膳《きょうぜん》の儀式には、75頭の鹿をはじめ、猪、兎、雁、鯉、鮑《あわび》、海老、鯔《ぼら》などが奉納され、酒とともに氏子に供されたというから、神と人間との間で実に盛大な共食儀礼が営まれたことになる。

8月の御射山祭は、現在では、結婚した娘が2歳児を連れて里帰りし、子どもの健康祈願のために御手洗川にウナギを放流する行事に変質してしまっているが、本来は、狩猟のための儀礼で、かつては「御射山御狩神事《みさやまみかりしんじ》」と呼ばれた。

その時代には、神職が上社の東南10キロメートルほどのところにある八ヶ岳の山麓《さんろく》、神野《こうや》(原山とも)へ登って、茅萱《ちがや》の穂でふいた仮屋《かりや》に参籠《さんろう》し、神事を行うものであった。鎌倉時代には、青年期に達した武士と馬が、この祭の期間に獲物を射止めることで成人したと認められる通過儀礼としての性格をもっていた。

一方、下社の年中行事として注目されるのが、正月の「筒粥神事《つつがゆ》」、2月1日の「遷座祭《せんざさい》」、8月1日の「お舟祭《ふねまつり》」である。

筒粥神事は、その年の農産物の作柄、要するに豊作か不作かを占うもので、1月14日夜から15日朝にかけて行われる小正月の行事である。占いの対象となる農作物は43種類にも及ぶ。世相も占いの対象となるため、44本の葦筒を束ねて、白米、小豆、水で一晩煮つめ、一本一本の葦を裂いて、そこに入っている粥と小豆のつまり具合で吉凶を判断する。

8月のお舟祭は、2月と同様に遷座祭とも呼ばれ、対になる行事である。2月には、秋宮から春宮に神霊を神輿に乗せて遷し、8月には反対に春宮から秋宮に遷す。柳田國男は、先祖の霊は秋には山に行って山の神となり、春には里に降りて田の神になるとする信仰が日本には存在するという説を立てたが、この諏訪大社の遷座祭はまさに柳田の理論に合致する。

8月の遷座祭がお舟祭とも呼ばれるのは、遷座が終わった後に、「お舟（柴舟）」の曳行《えいこう》があるからである。これは一種の余興である。舟は5トンにも及ぶ巨大なもので、そこには翁と媼《おうな》の人形が乗せられるが、これは諏訪大社の祭神、建御名方神と八坂刀売神であるとされる。ほかに、男たちも舟に乗り込み、木遣《きや》り歌（労働歌の一つ）にあわせて、氏子たちが舟を引く。途中、鋭角に曲がらなければならない難所もあり、横転したりすることから、曳行は盛り上がりを見せていく。

明治10（1877）年頃までは、舟を引くのではなく、担いでいた。もし、舟が一つではなく、複数出て、それを各地区で担うようになれば、前の章でふれた博多の祇園山笠のような行事になり、さらに盛り上がりを見せることだろう。

もう一つ、これは上社と下社の両方にかかわる行事として、冬の「御神渡《おみわた》り」の神事がある。

これは、諏訪湖が凍結した状態が続き、氷が10センチほどの厚さになると、明け方に気温が下がったとき、氷が収縮して裂け、さらに気温が上昇すると氷が膨張して、裂け目の氷が大音響とともに盛り上がる現象をさす。

それが南北にできると、上社の祭神である男神《おがみ》の建御名方神が下社の女神、八坂刀売神に会いに行った跡とされる。これが観測されると、諏訪市の八劔神社の神主や氏子が神事を行うことになっている。近年では、平成24（2012）年と25年、2年続けて御神渡りが観測されている。

そして、上社下社の両方にかかわる、諏訪大社にかんしてももっとも名高い祭が、この章の冒頭でもふれた御柱祭である。すでに、御柱祭が、伊勢神宮の式年遷宮と共通する部分をもっていることにふれたが、御柱祭の正式名称は、「式年造営」である。

3年前から開始、木落としと川越し2つのハイライト

御柱祭がいったいいつからはじまったのか、その由来は必ずしも明らかにはなっていない。『諏訪大明神画詞』では、寅と申の年の式年造営は平安時代の桓武天皇（在位781〜806年）の時代にはじまったとされるが、はっきりとした証拠があるわけではない。

その『諏訪大明神画詞』によれば、「この年暦に当ればば初春から、国司の名代、巡役の官人

を任命し、御符を発行し、国中の要路に関をおき神用として費用を集める。一国の人々、諸種の工人を集め建築をする。氏子は、金持も貧者も家の新築・改修をせず、材料を他国へ出さず、数十本の御柱上下の大木、一本につき千余人の人々により奉仕する。これに加えて、元服・婚礼ともこれをつつしみ、違犯の者には神罰が必ず下される」とある。今でも諏訪地方では、御柱の年には、家の新築、増改築、結婚式を避け、前年に行うという。

今引用した文章のなかに、御符ということばが出てきたが、これはいわゆるお札のことで、どの神社にも見られるものである。ただし、諏訪大社では、御符を配る際に、同時に「薙鎌《なぎかま》」というものを配る。薙鎌は、鶏の鶏冠《けいかん》のような形をした鉄製の神具で、たんに配られるだけではなく、神事にも登場する。たとえば、御柱祭で使われる御柱を決める「御柱本見立て」の神事では、選ばれた木に対して、標示板とともに薙鎌を打っておく。この薙鎌は風除けとされている。

伊勢神宮の遷宮では、前回と同じように行うということが重視されるが、御柱祭の場合、その主役となる御柱の太さは毎回変わる。戦後最初の昭和25年には、下社秋宮一の御柱は、直径が13尺4寸、およそ4メートルあった。敗戦の暗雲を吹き払うために、それだけの巨木が選ばれたと言われる。

明治大正時代では、明治17（1884）年が最大で、太さ13尺だった。江戸時代の天保7

(1836)年には、本宮第一が6尺5寸だった。長さについては、文政2(1819)年に、一之御柱が5丈5尺で、二之御柱が5丈、三之御柱が5丈、四之御柱が4丈と、しだいに小さくなっており、現在もその形を踏襲している。

祭は3年前からはじまる。最初に、下社の御柱の仮見立てが行われ、秋宮と春宮8本の候補が選ばれる。翌年には、本見立てが行われ、候補とされたものが御柱に決定され、そのときに薙鎌などが打ち込まれる。そして、さらに翌年、御柱祭の前年に伐採される。上社では、仮見立てが2年前、本見立てが1年前で、伐採は祭の年に行われる。

祭の年の2月15日には、上社では抽籤《ちゅうせん》式が行われ、どの地区が8本の御柱を担当するかが決定される。もっとも大きな本宮一之御柱を担当することが名誉であるとされる。下社では抽籤式は行われず、あらかじめ曳行順が決まっているが、かつては下社でも抽籤で決定された。

御柱の準備は下社が先行するが、山出しは上社の方が先で、4月はじめにハイライトとなる「木落とし」と、もう一つのハイライト、約43メートルの川幅の宮川を渡る「川越し」が行われる。下社の川出しはその後に行われる。

5月のはじめには、上社の里曳きが行われ、1カ月間安置されていた御柱が曳行され、本宮と前宮の境内に建てられる。下社の里曳きはやはりその後に行われる。4本の御柱は、幣拝殿や宝殿、あるいは本宮で諏訪大明神が鎮まっているとされる「神居」を囲むようにして建てられる。これは、御柱によって神域を結界していると見ることができる。

下社では、里曳きの行われる前の日の夜に、「宝殿遷座式」が営まれる。秋宮と春宮には、東西二つの宝殿があり、祭のたびに片方の宝殿を建て替え、神霊を古い方から新しい方に遷す。上社では、里曳きから1カ月が過ぎた時点で、これが行われるが、前宮には宝殿がないため、本宮のみの行事になっている。

御柱が神域を結界するためのものであるならば、本来は幣拝殿も宝殿も必要がないのかもしれない。古代においては、4本の高く太い柱に囲まれた神域のなかの磐座で祭祀が行われていたことだろう。それは、神道祭祀の原型であり、諏訪大社ではそのあり方を現代に伝えていることになる。

現人神としての「大祝」諏訪氏の君臨とその世襲制の廃止

古代の信仰を彷彿とさせるもう一つのものが、「大祝《おおほうり》」の存在である。大祝は、諏訪大社の祭祀組織の筆頭に位置するもので、その下に神長官《じんちょうかん》、禰宜大夫《ねぎだゆう》、権祝《ごんのほうり》、擬祝《ぎほうり》、副祝《そえのほうり》の五官祝がおかれていた。ただ、これは明治4（1871）年に、政府の手によって廃止されている。

重要なのは、大祝が祭神である建御名方神が8歳の子どもに憑依したものとされていた点である。『諏訪大明神画詞』には、「祝は神明の垂迹の初め、御衣《おんぞ》を八歳の童男《おぐな》にぬぎきせ給ひ、大祝と称し、我において体なし祝をもつて体となすと神勅ありけり。是すなはち御衣木祝《みそぎのはふり》有員《ありかず》、神氏《じんし》の始祖也」とある。諏訪大明神には神体はなく、8歳の童男がその代わりだというわけである。

大祝の位に就くことができたのは、ここに出てくる有員を祖とする神氏と、もう一つは金刺《かなさし》氏であった。この二つの氏族は、諏訪の外から来た人々とされ、それは、『古事記』に記された建御名方神が諏訪に逃げてきたという話と重なる。『諏訪大明神画詞』には、土着の洩矢《もりや》神《しん》が建御名方神の諏訪への侵入を防ごうとしたという話が出ており、その洩矢神を祀る守矢《もりや》氏が、大祝の下の神長官の位を占めてきた。

こうした神話、伝説に、どういった歴史上の事実が反映されているのか興味を引かれるところだが、大祝が現人神である点は、出雲大社の国造の場合と共通する。実際、上社の大祝の住居は「神殿」と呼ばれていた。その現人神を祀る立場にあったのが、神職として最高位の神長官だったのである。

大祝の位に就くことのできる神氏や金刺氏を総称して諏訪氏と言い、諏訪氏からは数々の分家も生まれていくが、その特徴は、神職をつとめる社家であると同時に、平安時代以降、武士化していったことである。こうした例は全国的にも少ない。

諏訪氏は、馬の放牧と馬上から弓を射る騎射に優れていて、諏訪の領地を守り抜くとともに、源氏、執権の北条氏、足利将軍家に仕えた。このために、諏訪氏が祀る諏訪明神は、「軍神」として、ほかの地域の武士の信仰を集め、それが諏訪信仰が全国に広がっていく契機になった。

戦国時代には、甲斐の武田氏が諏訪を侵略し、多くの諏訪氏が取り潰されたものの、武田氏が滅びると、諏訪氏が復権をとげ、江戸時代には大名として君臨する。しかし、すでに述べたように、明治に入り、明治4年に諏訪大社が国幣中社《こくへいちゅうしゃ》に列せられるとともに、神職の世襲制が廃止された。これによって大祝は消滅することとなったのである。

近代に入るまで、現人神としての大祝が君臨し、祭政一致の古代的な信仰が保たれていたとは言え、一方で、諏訪大社でも、その時代は神仏習合の傾向が強かった。それを象徴するのが、「お鉄塔《てっとう》」である。

お鉄塔は、明治になるまで、上社本宮の幣拝殿の前、神居と呼ばれるところに安置されていた。つまり、御神体であったわけである。現在は、諏訪市湯の脇にある臨済宗妙心寺《みょうしんじ》派の寺院、温泉寺《おんせんじ》の境内にある多宝塔のなかにおさめられている。

鉄塔と呼ばれるものの、石塔である。源頼朝が錆びないように鉄塔を石塔に作り直したという伝承がある。神仏習合の時代には、上社にも神宮寺があり、それに付属する如法院《にょほういん》が毎年納経を行っていたが、おさめられた経巻は翌年にはなくなっており、竜宮から地下を通ってやってくる諏訪明神がもっていくのだと言われていた。

お鉄塔のなかには釈迦の遺骨を納めた舎利塔《しゃりとう》があるが、それは江戸時代のものである。形からして、『法華経』の宝塔品に登場する宝塔をかたどったものである可能性が高い。下社秋宮の宝殿の南にある山の頂きには、八角宝形造りの堂宇があり、それが「宝塔堂」、ないしは「法納堂」と呼ばれていた。こちらも、宝塔品にもとづく形態である。

廃仏毀釈によって根本から変化した諏訪大社の信仰世界

諏訪大社の神宮寺については、平安時代には遡らないとされているので、それほど古いとは言えない。そもそも、諏訪地方では、その創建が平安時代に遡るような古刹《こさつ》は見出されていない。創建は鎌倉時代以降で、上社の方は普賢神変山《ふげんしんぺんざん》神宮寺と号し、下社の方は海岸孤絶山法性《かいがんこぜつさんほうしょう》院《いん》神宮寺と号した。

上社の本地仏が普賢菩薩で、下社が千手観音とされたのは、それが両方の神宮寺の本尊だったからである。そして、その時代には諏訪湖が大日如来にたとえられていた。そこには、密教の考え方が示されており、法華経信仰とともに、密教信仰が諏訪大社に浸透していたことになる。

しかし、明治に入ってからの神仏分離、廃仏毀釈によって、諏訪大社の神宮寺は消滅した。この時期に大祝も廃されているわけだから、近代に入って、諏訪大社をめぐる信仰世界は根本から刷新されたことになる。

諏訪信仰は、すでに述べたように軍神として広がりを見せていったわけだが、もう一つ、狩猟の神として広がっていた面がある。鹿を神前に捧げる御頭祭についてはすでにふれたが、諏訪明神は、仏教が殺生として禁じる狩猟や肉食をする人々を救済する役割を担った。

諏訪大社では、現在でも「鹿食免《かじきめん》」という札と、「鹿食箸《かじきばし》」という箸を参拝者に授与している。そこには、「日本一社」とも記されており、諏訪大社だけが肉食を許すことができるという自負が示されている。

諏訪神社は、諏訪地方を含む長野県に多いが、もっとも数が多いのは新潟県で、前述の調査では888社にも及んでいる。新潟県では、各種の神社のなかで諏訪神社がもっとも多い。信仰が信濃川にそって信濃から越後へと伝えられていったからではないかと考えられる。

【この章の主な参考文献】
・上田正昭他編『御柱祭と諏訪大社』筑摩書房
・河村望編著『日本資本主義と民間神道』多賀出版
・宮坂光昭『諏訪大社の御柱と年中行事』郷土出版社
・矢崎孟伯編『諏訪大社』銀河書房

第10章 白山

——仏教と深くかかわる修験道系「山の神」

拠点は石川県の白山神社

白山信仰は、石川、福井、岐阜の3県にまたがってそびえる白山に関連した信仰である。もともとは白山を御神体とする信仰だとされる。その点では前の章でふれた諏訪大社や、神道の信仰としてもっとも古いものを残している奈良の大神神社と共通するが、白山は標高が2702メートルもある高山で、ほかの神体山が比較的標高が低いのとは対照的である。

そのことが関連すると思われるが、白山信仰の拠点である石川県白山市三宮町の白山比咩《しらやまひめ》神社には、幣拝殿の奥に本殿が鎮座している。諏訪大社と大神神社に拝殿はない。白山比咩神社の祭神は、白山比咩大神、それに伊弉諾尊《いざなぎのみこと》と伊弉冉尊《いざなみのみこと》である。

白山比咩大神は、菊理媛尊《くくりひめのみこと》であるともされているが、この菊理媛尊は『日本書紀』の一書に登場する。ただそこでは、伊弉諾尊が亡くなった伊弉冉尊を追って黄泉の国を訪れた際、戻るときに口論になり、そのとき菊理媛尊が何かをしゃべったとされているだけである。ほかに菊理媛尊は記紀神話に登場しない。おそらくは、白山比咩大神を記紀神話に結びつけるために、菊理媛尊がもち出されているだけなのだろう。

白山比咩神社は、かつては白山本宮《ほんぐう》と呼ばれ、神社というよりも、むしろ寺院と見なされていた。「白山さん」や「白山権現」が通称で、それは祭神の白山比咩大神のことも指している。

白山比咩神社は白山の山麓にあるが、白山の山頂、御前峰《ごぜんがみね》にはその奥宮《おくみや》がある。そこには祭神として白山妙理大権現《みょうりだいごんげん》が祀られている。白山信仰の中心は、むしろこの奥宮の方である。

御前峰では発掘調査が行われ、発掘された品々は白山比咩神社の宝物館におさめられている。そのなかには、仏像、懸仏《かけぼとけ》である御正体《みしょうたい》（木や銅の円板に仏像を浮彫したもの）、仏具、五輪塔、和鏡《わきょう》、銅鈴《どうれい》、刀剣、銭、ガラス小玉、陶器、磁器が含まれている。鏡は、神道の御神体として用いられるものだが、全体に仏教関係のものが大半を占めている。仏像や御正体には、十一面観音と推定されるものが多い。神仏習合の時代においては、十一面観音が白山権現の本地仏であるとされていた。あるいは、十一面観音が白山本宮の本尊だったと考えた方がよいかもしれない。

創建したのは奈良時代、伝説の修行僧・泰澄

奥宮を創建したとされるのが、奈良時代の修行僧、泰澄《たいちょう》である。泰澄は越《こし》の大徳《だいとく》とも称され、白鳳《はくおう》22（682）年に越前国麻生津《えちぜんのくにあそうづ》に生まれたとされる。11歳のときに、北陸で修行を行っていた法相宗の僧侶、道昭と会い、神童の相が出ていると言われた。14歳のときには、僧侶となって十一面観音の徳を施すべしという夢を見て、越前の丹生山地《にうさんち》にある越知山《おちさん》で夜な夜な修行をするようになった。

36歳のときに、やはり夢のお告げで白山に登り、白山妙理権現の本地仏である十一面観音、聖観音を本地仏とする大行事権現、それに阿弥陀如来を本地仏とする大汝《おおなんじ》権現からなる「白山三所権現」を拝し、そこに留まって一千日の修行を行った。

これは、『泰澄和尚伝記《たいちょうおしょうでんき》』というものに出てくる話だが、この伝記のもっとも古い写本は、正中2（1325）年の奥書のある金沢文庫の蔵本である。泰澄のことは、ほかに平安後期に成立した『大日本国法華験記』に出てくるが、そこでは越後の国上山《くがみやま》において宝塔建立を成功させたとされる。また、『本朝神仙伝《ほんちょうしんせんでん》』では、越後の国の人で、加賀の国の人という説もあるとされ、諸国の神社を訪れたとされるが、そこでは白山にも登ったとされるだけである。

鎌倉時代末期に成立した臨済宗の僧侶、虎関師錬《こかんしれん》による仏教史の通史『元亨釈書《げんこうしゃくしょ》』では、養老元（717）年に泰澄がはじめて白山に登ったとき、池のまわりで念仏を唱える念誦《ねんじゅ》を行っていると、池のなかから九頭竜《くずりゅう》の大蛇があらわれ、それが十一面観音になったと記されている。

ほかにたしかな歴史的な資料があるわけではなく、泰澄についての物語は基本的に伝説である。その点では、修験道の開祖とされる役小角《えんのおづの》と共通する。実際、同じ修験道の系統に属する愛宕信仰の中心、京都の愛宕神社の神廟《しんびょう》（神を祀る御霊屋）を建立したのは、役小角と泰澄であったとされている。ともに伝説上の人物と考えるべきだろう。

白山と同様に、修験道系の信仰に含まれる医王山《いおうぜん》の信仰の場合にも、開山はやはり泰澄だとされている。これは石川県金沢市と富山県南栃市《なんと》にまたがる医王山という山塊《さんかい》（標高939メートル）にまつわる信仰である。あるいは、石川県の能登にある石動山《せきどうさん》を中心とした山岳信仰でも、泰澄が開山とされている。北陸地方における修験道の信仰では、あらゆることが泰澄に結びつけられている。それも、泰澄が伝説上の人物である証だろう。

仏教、とくに天台宗色が強く「白山天台」とまで呼ばれる

ここまで見てきたそれぞれの信仰においても、近代になるまでの段階では、神道と仏教とが入り交じった神仏習合の信仰が基本で、とくに熊野の場合には、その傾向が著しく、熊野修験も形成された。

しかし、熊野信仰でも、開山、あるいは開基《かいき》といった存在は登場しなかった。本書の序章では、神道の神社が「神のための場」であるのに対して、仏教の寺院が「人のための場」であると指摘したが、白山信仰などで開山が登場するということは、その信仰が仏教に近いものであることを示している。

泰澄という開山についての伝説はともかく、平安時代の中期、9世紀頃から、白山への信仰が高まり、修験者が白山の山中に入って修行を行うようになった。そして、白山山頂へと至る加賀、越前、美濃からの登山道として、3本の「禅定道《ぜんじょうどう》」が形成される。禅定道と名づけられ

たのは、霊山に登って修行することが禅定と呼ばれたからである。

それが加賀禅定道、越前禅定道、美濃禅定道で、山麓にあるそれぞれの起点は加賀馬場《かがばんば》、越前馬場《えちぜんばんば》、美濃馬場《みのばんば》と呼ばれた。加賀馬場は、現在の白山比咩神社のことである。越前馬場は現在の平泉寺《へいせんじ》白山神社、美濃馬場は長滝《ながたき》白山神社のことだが、後の二つは、近代以前においては、平泉寺、長滝寺《ちょうりゅうじ》として知られた。この点でも、白山信仰には仏教色が強かった。

しかも、たんに仏教色が強いだけではなく、天台宗との関係を深め、「白山天台」とまで言われるようになっていく。

三つの馬場のうち、最初にその立場を確立していくのが白山比咩神社である。

9世紀の終わりに成立した『日本文徳天皇実録』では、仁寿《にんじゅ》3（853）年に、この神社に従三位の神階が叙せられたとある。ただ、10世紀のはじめに成立した『延喜式神名帳』では、小社としての扱いしか受けていなかった。

天台僧が、比叡山から行くには距離的に近い越前禅定道を通って白山に向かうようになると、白山のことは「越《こし》の白山《しらやま》」として知られるようになる。白山比咩神社は白山本宮として加賀国一宮とされるようになるが、越前馬場の平泉寺が久安3（1147）年に延暦寺の末寺になると、白山本宮も延暦寺山門別院となる。そして、比叡山の地主神である日吉七社にならって、本宮、金劔宮《きんけんぐう》、三宮《さんのみや》、岩本宮《いわもとぐう》、中宮、佐羅宮《さらぐう》、別宮《べつくう》によって「白山七社」を形成するようになる。

白山七社のモデルになった日吉信仰とは何か

これまで何度か取り上げてきた「全国神社祭祀祭礼総合調査」では、白山信仰関係の神社は1893社で全体の8位である。それに対して、日吉信仰関係は1724社で、それに次ぐ9位である。日吉信仰については章を設けないので、ここで少し述べておきたい。

日吉信仰は山王信仰とも呼ばれる。滋賀県大津市にある日吉大社を中心としたもので、中心となる祭神は大山咋神《おおやまくいのかみ》である。この神を勧請した各地の神社は日吉神社、日枝《ひえ》神社、山王神社などと呼ばれる。大山咋神は、山末之大主神《やますえのおおぬしのかみ》とも呼ばれ、天台宗の総本山、延暦寺のある比叡山の地《じ》主神《ぬしかみ》である。酒の神として知られる京都の松尾《まつのお》大社を中心とした松尾神社でも、大山咋神を祭神としている。

山王の名でも呼ばれるのは、比叡山を開いた日本天台宗の宗祖、最澄が学んだ唐の天台山国《こく》清寺《せいじ》で、地主神として山王元弼真君《さんのうげんひっしんくん》を祀っていたことにちなむ。日吉信仰、山王信仰は、日本の仏教界において中心的な役割を果たした天台宗の信仰とともに広がっていった。

白山七社のモデルになった日吉七社は大宮、二宮、聖真子《しょうしんし》、八王子、客人、十禅師、三宮からなっていたが、現在それは、順に西本宮、東本宮、宇佐宮、牛尾神社、白山姫神社、樹下《じゅげ》神社、三宮神社と呼ばれる。祭神は、大己貴神、大山咋神、田心姫命《たごりひめのみこと》、大山咋神荒魂《おおやまくいのかみのあらみたま》、白山姫神、鴨玉依姫神《かものたまよりひめのかみ》、鴨玉依姫神荒魂《かものたまよりひめのかみのあらみたま》である。

大己貴神は、天智《てんじ》天皇元（662）年に比叡山にあらわれ、大神神社から勧請されたとされる。これによって、地主神の大山咋神の方は「小比叡神《こびえのかみ》」と呼ばれるようになり、大己貴神の方が「大比叡神《おおびえのかみ》」と呼ばれた。二つをあわせて、山王（あるいは日吉山王、山王権現）と呼ばれるようになっていく。

田心姫命は、『日本書紀』の本文では宗像三女神《むなかたさんじょしん》の一つとされる。『古事記』では多紀理毘売命《たきりびめのみこと》（奥津島比売命《おきつしまひめのみこと》とも）と呼ばれ、宗像大社の沖津宮《おきつみや》に祀られている。沖津宮は、古代の祭祀遺跡のある沖《おき》ノ島に祀られるものである。田心姫命は、八幡信仰の中心、宇佐八幡から勧請されたもので、大己貴神と大山咋神とをあわせて、「両所三聖《りょうじょさんしょう》（山王三聖）」と呼ばれるようになっていく。この三神が、日吉信仰の中心を占めている。

荒魂は、和魂と対になる概念で、神の荒々しい側面を意味している。鴨玉依姫神は、『古事記』では玉依毘売命として、『日本書紀』では玉依姫尊として登場する女性神で、タマヨリとは神の依代《よりしろ》を意味する。その点で、記紀神話において特定の神をさすのではなく、普通名詞の扱いを受けており、「鴨」ということでは、賀茂信仰における賀茂別雷神の母として登場する。白山姫神は、菊理媛神、つまりは白山比咩神を意味するものと思われる。

この日吉七社が成立したのは11世紀中頃と考えられているが、その後、日吉二十一社に発展し、日吉七社は上七社と呼ばれるようになる。そして、各祭神には本地仏が定められる。

鎌倉時代後期以降になると、山王神道が唱えられるようになる。これは、日吉七社などの由来を天台宗の教学である天台教学にもとづいて神道の教説として説いたもので、最澄や円仁、円珍に仮託された架空の書物からの引用にもとづいていた。そして、江戸時代に入ると、それをもとに、徳川家康を死後に権現として祀るよう主張した天台僧の天海によって、山王一実神《さんのういちじつしん》道《とう》が説かれるようになる。

加賀前田家によって復興するが真言宗に改宗させられる

白山信仰に話を戻すならば、白山本宮と平泉寺に続いて、美濃馬場の長滝寺も比叡山延暦寺の末寺となる。白山信仰は天台宗の教団のなかにより深く取り込まれ、修行僧が白山の山中を駆け抜けていく「白山錬行《れんぎょう》」なども行われた。日吉大社に白山権現が祀られるようになるのも、そうした経緯があったからで、長暦《ちょうりゃく》3（1039）年までに白山権現を祀る客人宮《まろうどのみや》が勧請されている。そして、延暦寺のなかには、白山本宮を管掌《かんしょう》（使者を派遣して監督すること）する「白山別当」の職がおかれるようになる。

安元《あんげん》2（1176）年には、加賀国の国司、藤原師高《ふじわらのもろたか》のもとで目代《もくだい》（国司の代理）をつとめていた弟の師経《もろつね》が、加賀禅定道の中ほどにある白山中宮の別院である湧泉寺《ゆうせんじ》でその衆徒と口論になり、そこを焼き討ちにしてしまった。

そこで、白山の衆徒は、本山である延暦寺に訴え、後白河上皇に対して、国司と目代の兄弟の処分を求めた。それで、師経の方は備後国に流罪となったが、白山衆徒はそれに満足せず、佐羅《さら》早末社《はやまつしゃ》の神輿を奉じて入洛した。神輿はいったん日吉大社の客人宮に安置されたが、白山衆徒は延暦寺衆徒とともに無理矢理訴えを通そうとする強訴に及んだため、師高も尾張国へ流罪となり、ようやく事件は決着を見た。

中世において、「南都北嶺《なんとほくれい》」と呼ばれた比叡山（北嶺）や奈良の興福寺（南都）は、寄進によって広大な境内地をもち、僧兵や各種の事業に従事する衆徒を抱え、朝廷や武家の政権とも拮抗していた。今日の歴史学では、そうした集団を「寺社勢力」と呼ぶが、白山本宮もまた、広範な地域に及ぶ神領とさまざまな衆徒の集団を抱えた在地の寺社勢力だった。だからこそ、強訴に及び、自分たちの要求を朝廷に認めさせたのである。

当時、地元では「馬の鼻もむかぬ白山権現」という言い方がされていた。これは、年貢を徴収する基礎となる土地の測量に向かう検注使の役人は馬に乗ってその仕事を行ったが、白山本宮が支配する地域には入ることができなかったことを意味している。

ただ、朝廷や武士の権力と拮抗したということは、白山本宮が世俗の権力と同じ次元にあったことを意味する。加賀国では15世紀の終わりから、新たな寺社勢力として一向一揆が勢力を拡大していき、白山本宮に対抗していくようになる。享禄《きょうろく》4（1531）年には大小一揆が起こり、白山七社の一つ金剱宮などが焼き払われてしまう。それは白山本宮の荒廃へと結びつく。その後、前田家が加賀国を支配するようになると、白山本宮の復興がはかられ、前田家や加賀国の民衆の信仰を集めるようになっていくが、天台宗から真言宗に改宗された。そして、明治になると、神仏分離によって、白山本宮という寺号は廃され、現在の白山比咩神社に改称された。

越前馬場の平泉寺も、戦国時代には、越前国を支配する朝倉氏と拮抗したものの、天正2（1574）年には一向一揆によって焼き討ちにされ、衰えていく。その後は復興され、江戸時代においては、加賀馬場と争って、白山山頂の社殿を修築する権利を確保し、白山別当の地位を保ったものの、明治の神仏分離でやはり寺号を捨て、平泉寺白山神社と称するようになる。美濃馬場の白山中宮長滝寺も、神仏分離によって長滝白山神社と長滝寺に別れたが、この神社と寺は現在も同じ境内のなかにある。

白山三所権現の本地仏が、十一面観音、聖観音、阿弥陀如来とされたことから、白山周辺にはその種の仏像が今も残されている。代表的なものとしては、石川県白峰村林西寺の銅造十一面観音像、平安時代後期の福井県朝日町大谷寺の木造十一面観音像、聖観音像、阿弥陀如来像がある。

もう一つ、白山信仰と仏教とのかかわりということでは、曹洞宗もかかわっている。曹洞宗を開いた道元《どうげん》は、宋から帰国する前夜に、白山権現があらわれて『碧巌録《へきがんろく》』を書写するのを助けられたという伝承があり、白山権現は永平寺の守護神となっている。現在でも、永平寺では「白山拝登」という行事が7月に行われており、修行僧が白山に登って、奥宮で『般若心経』を読誦する。

このように、白山信仰においては、これまで見てきた各種の信仰と比較したとき、仏教信仰としての性格が色濃い。それは、修験道系の信仰全般に言えることで、蔵王権現を中心とした信仰の場合には、白山と同様に、神仏習合の信仰にもとづいていたわけだが、その中核となる吉野の金峯山寺が神仏分離以降、天台宗修験派として再興され、戦後は天台宗から独立して金峯山修験本宗を名乗るようになったこともあり、現在では仏教の枠組みのなかでとらえられている。

しかし、近代以前の状況を考えれば、白山権現と蔵王権現の信仰にほとんど差異はない。それは、ほかの修験道系の信仰全般に共通して言えることである。

白山信仰は、全国に広がっているとは言え、やはり禅定道があった三つの県に白山神社が多い。「全国神社祭祀祭礼総合調査」では、岐阜県が345社で、福井県が310社、石川県が

223社で、この3県が上位を占めている。次いで多いのが新潟県の188社だが、新潟県には神社自体が多く、全体では4778社と日本でいちばん多くなっている。逆に白山神社は、中国四国九州地方にはあまり広がっていない。

なお、白山信仰が各地域に広がっていく際に、どこでも白山比咩神社の分霊を勧請したというわけではない。甲信地方から関東地方にかけては長滝寺から広がったもので、近畿地方など西日本には平泉寺から広がった。白山比咩神社からは、それ以北や東北地方に広まっていった。

西日本の修験道系信仰

全国には、この白山信仰以外にも、修験道系の信仰がいくつも見られる。基本的にそれは、白山の場合と同じように特定の山を信仰の中心とするもので、それぞれの山中において修験道の実践をする人々が生まれ、独自の信仰世界が形成されていった。この章では、そうした信仰についてふれておきたい。

そのなかで、鳥取県東伯《とうはく》郡三朝町《みささちょう》にある標高900メートルの三徳山《みとくさん》を中心とした信仰では、蔵王権現が祀られており、神格としては独自のものではない。三徳山は全体が天台宗の三仏寺《さんぶつじ》の境内になっており、中腹にあって岩のなかに作られている投入堂《なげいれどう》が有名である。

同じく蔵王権現を信仰の対象とするのが、島根県出雲市・平田市にある鼻高山《はなたかせん》の北麓、鰐淵《わにぶち》山《さん》の鰐淵寺である。この寺は、千手観音と薬師如来を本尊とする天台宗の寺院だが、その境内にある浮浪滝裏には、やはり岩のなかに蔵王堂が建てられていて、蔵王権現が祀られている。

独自の神を祀っているものとして、西日本では、大山《だいせん》（鳥取県）の智明《ちみょう》権現、英彦山《ひこさん》（福岡県）の天忍穂耳尊《あめのおしほみみのみこと》、六郷満山《ろくごうまんざん》（大分県）の太郎天《たろうてん》、宝満山《ほうまんざん》（福岡県）の玉依姫が挙げられる。

このうち、大山の智明権現の場合には、地蔵菩薩の垂迹とされており、大山自体が死者の還る場所と考えられてきた。そして、江戸時代に死者供養のための「大山詣」が盛んになると、智明権現（本地仏は地蔵菩薩）、霊像《れいぞう》権現（本地仏は観音菩薩）、利寿権現（本地仏は文殊菩薩）からなる「大山三所権現」が成立する。

英彦山は、福岡と大分の県境に位置する標高１２００メートルの山で、そこには英彦山神宮が鎮座している。その祭神は天忍穂耳尊である。天忍穂耳尊は、記紀神話に登場し、皇室の祖とされる瓊瓊杵尊の父にあたる。社伝では、英彦山に降臨したとされるが、英彦山神宮の祭神はむしろ彦山《ひこさん》権現として知られてきた。

平安時代後期以降に、熊野信仰がこの地域に広まると、熊野三山の考え方が持ち込まれ、南岳には釈迦如来を本地仏とする俗体権現が、北岳には法体権現（本地仏は阿弥陀如来）が、そして中岳には女体権現（本地仏は千手観音菩薩）が祀られるようになる。これは、「彦山三所権現」と呼ばれた。

英彦山は、宇佐八幡に近いことから、両者の間には関係がある。宇佐八幡の神宮寺である弥勒寺の別当と寺務を総括するようになった法蓮は、英彦山で修行を行ったと言われる。その法蓮は、彦山修験中興の祖ともされている。

最盛期には、英彦山に多くの坊舎（僧侶が住む建物）が建ち並び、数千人の僧兵を抱えていた。その点では、白山同様に、寺社勢力として地域に君臨していたことになる。また、その時代には天台宗に属していて、霊仙寺《りょうせんじ》と呼ばれ、比叡山で行われていた回峰行《かいほうぎょう》が、「霊仙寺大廻行」として実践されていた。

北陸の修験道系信仰

北陸には、白山と並ぶものとして、富山県に立山《たてやま》がある。立山は連峰の総称で、その中心に、「立山三山《さんざん》」と呼ばれる雄山《おやま》、浄土山《じょうどさん》、別山《べっさん》がある。鎌倉時代以降に成立した開山縁起によれば、開山は10世紀はじめに越中国守をつとめた佐伯有若《さえきありわか》、ないしはその子どもの有頼《ありより》とされる。有若（有頼）は、白鷹を追って山中に入り、熊を見つけて、それを射たところ、その熊が阿弥陀如来に変じたため、驚いて出家し、それで立山を開いたとされる。

立山は、阿弥陀如来の仏国土である極楽浄土とされ、とくに雄山がその象徴とされた。一方で、地獄谷や、血の池とされたミクリガ池など、地獄に比定される場所も設定され、極楽と地獄をともに兼ね備えた山上他界（遥か山の上の浄土）としてとらえられた。そのありさまを描いたものが「立山曼荼羅」である。

このように見ていくと、白山と同様に、立山の信仰は仏教色が強い。明治の神仏分離以降、仏教色が払拭《ふっしょく》され、富山県中新川《なかにいかわ》郡立山町にある雄山神社が中心とされるようになったが、中宮祈願殿などは、明治に廃された中宮寺（蘆峅寺《あしくらじ》）の施設である。

富士山を神格化した浅間権現

ほかに霊山としては、東海地方では富士山と伊豆山、関東地方では箱根山、武州御嶽山《ぶしゅうみたけさん》、赤《あか》城《ぎ》山《さん》、日光男体山《なんたいさん》、東北地方では出羽《でわ》三山《さんざん》などが挙げられる。

富士山は、静岡県と山梨県にまたがる日本でもっとも高い山であり、標高は３７７６メートルである。活火山で、古代から噴火をくり返し、最後に噴火したのは江戸時代中期の宝永《ほうえい》４（１７０７）年のことだった。このときの噴火で宝永山が形成され、今日のような姿をとるようになる。

富士山自体を神格化したものが浅間《せんげん》権現で、これは記紀神話に登場する木花咲耶姫命《このはなさくやひめのみこと》と同一視される。その背景には、木花咲耶姫命が火が放たれた産屋で出産したという物語がある。

浅間権現は、現在では浅間大神《あさまのおおかみ》と呼ばれるが、それを祀るのが静岡県富士宮《ふじのみや》市にある富士山本宮浅間《せんげん》大社で、富士山山頂には、その奥宮が祀られている。

浅間大社の創建は古代に遡り、10世紀の『延喜式神名帳』では、名神《みょうじん》大社に列せられている。ただ、久安5（1149）年には、末代《まつだい》という僧侶が富士山に一切経《いっさいきょう》（釈迦の説教を教典にしたものの総称）の納経を行ったとされる。そして、南北朝時代に入ると、山頂に登るための登山道が開かれ、白衣の登攀者が山頂をめざすようになる。

江戸時代に入ると、富士山麓の溶岩洞穴である人穴《ひとあな》で修行したとされる長谷川角行《かくぎょう》を祖とする信仰集団、富士講の信仰が、富士山を仰ぎ見ることができる関東の地域に広がる。富士講の指導者として村上光清《こうせい》や食行身禄《じきぎょうみろく》といった人物もあらわれ、信者たちは御師に導かれて富士山に登ったり、人穴で修行を行ったりした。また、富士講では、それぞれの地域で富士塚を作り、そこに参拝することによって富士山に登った代わりとするようになっていく。

浅間神社は、静岡県と山梨県に多いが、東海地方や関東地方にも広がっている。ただ、東北、北陸、近畿、中国、四国、九州にはほとんど広がっていない（富士山の信仰世界については、拙著『日本人はなぜ富士山を求めるのか』〈徳間書店〉を参照）。

伊豆山では伊豆権現が、箱根山では箱根権現が祀られ、武州御嶽山では蔵王権現が、赤城山では赤城大明神が祀られている。

日光男体山と出羽三山

日光男体山の場合には、勝道上人《しょうどうしょうにん》が天応《てんおう》2（782）年に開いたとされ、中世に入ると、ここでも三所権現の信仰が成立する。そこには、日光が連山である点が影響し、男体山には大己貴命（本地仏は千手観音）、女峰山《にょほうざん》には田心姫命（本地仏は阿弥陀如来）、太郎山には味耜高彦《あじすきたかひこ》根命《ねのみこと》（本地仏は馬頭《ばとう》観音）が祀られる。これはそれぞれ、新宮権現、滝尾《たきのお》権現、本宮権現とも呼ばれた。

三山からなる信仰ということでは、出羽三山も共通する。出羽三山は月山《がっさん》、湯殿山《ゆどのやま》、羽黒山《はぐろやま》からなっている。それぞれの山には、月山神社、湯殿山神社、出羽神社が鎮座している。

月山神社の祭神は月読命《つくよみのみこと》、あるいは月山神《つきのみやまのかみ》とされるが、かつては月山権現と呼ばれ、その本地仏は阿弥陀如来だった。そこには浄土教信仰の浸透ということが関係し、月山は極楽浄土としてとらえられていた。

湯殿山神社の祭神は、現在は大山祇神《おおやまづみのかみ》、大己貴命、少彦名命《すくなびこなのみこと》の三神だが、かつては湯殿山権現と呼ばれ、本地仏は大日如来だった。出羽神社の祭神も、現在は伊氏波神《いではのかみ》と稲倉魂命《いなくらたまのみこと》だが、かつては羽黒権現と呼ばれ、その本地仏は正観世音菩薩であった。

出羽三山の開山となったのは崇峻天皇の子であった蜂子皇子《はちこのおうじ》とされ、役小角がそこで修行を行ったとされる。江戸時代には、熊野三山、英彦山と並ぶ「日本三大修験山」と称せらた。その信仰を広めた先達は、出羽のほか、陸奥《むつ》、佐渡、越後、信濃の各国で活動した。出羽三山関係の神社は、こうした地域に多い。

ほかに、秋葉権現を祀る秋葉信仰は、もともとは修験道系の信仰だったが、江戸時代に入ると、むしろ火災を防ぐ火伏せの神としての信仰を集めるようになる。中心は、静岡県浜松市にある秋葉《あきは》山本宮《さんほんぐう》秋葉《あきは》神社である。同じく火伏せの神として知られるのが、愛宕権現を祀る愛宕信仰で、その総本社となる京都の愛宕神社は、明治以前には白雲寺《はくうんじ》として知られていた。

【この章の主な参考文献】
・下出積與『白山の歴史―神と人とその時代』北國新聞社
・下出積與・圭室文雄編『講座神道』第2巻、桜楓社
・白山本宮神社史編纂委員会編『図説　白山信仰』白山比咩神社

第11章 住吉

——四方を海に囲まれた島国の多士済々の「海の神」

20年に1度の式年遷宮も行われる海の神・住吉の常世信仰

前の章では、白山を中心に修験道系の信仰を取り上げたが、そこに登場する権現の名で呼ばれる神々は、いわば「山の神」であった。

その山の神に対して、一方には「海の神」が存在している。日本は島国で、四方を海で囲まれており、海という存在は極めて重要な意味をもつ。熊野信仰のところでは、補陀落という海の彼方にある浄土についてふれたが、その背景には海の彼方にある「常世《とこよ》」に対する信仰がある。海は神の住まう世界としてとらえられてきた。この章では、海の神として住吉、宗像《むなかた》、恵比須、金毘羅を取り上げるが、それと深く関連する貴船《きふね》、弁天、厳島《いつくしま》の各信仰についてもふれる。

住吉信仰の中心となるのが大阪市住吉区にある住吉大社である。ここは、大阪のミナミの拠点、難波から近く、交通の便も良いため、大阪市民全体の氏神の役割を果たしている。初詣客も多く、平成24年の正月三箇日には約250万人が訪れた。初詣客が300万人近くに達した年もある。

住吉大社の歴史は古い。室町時代に入った1364年から1380年までに編纂されたと考えられている『帝王編年記《ていおうへんねんき》』という書物では、神宮皇后摂政11（211）年に神功皇后が住吉大神を住吉の地に鎮祭したと書かれている。この資料の信憑性は疑わしいが、『興福寺略年代記』の天平勝宝元《てんぴょうしょうほう》（749）年の項には、住吉社造営のことが記されている。

『古事記』では、黄泉国から戻ってきた伊邪那岐命が穢《けが》れを洗い清めたときに、住吉大社の祭神となっている底筒男命《そこつつのおのみこと》、中筒男命《なかつつのおのみこと》、表筒男命《うわつつのおのみこと》が生まれたとされる。この三柱の神々は安曇《あずみの》連《むらじ》（安曇氏）の祖神であり、「墨江《すみのえ》の三前《みまえ》の大神《おおかみ》」とされている。墨江は住吉のことであり、住吉三神が相当に古い時代から祀られていたことが示されている。

住吉大社では、現在でも式年遷宮が行われている。『興福寺略年代記』の記載は、その初見で、室町時代までは20年に1度遷宮が続けられていた。その後、戦乱の時代になってそれが守られなくなっていくが、平成20年から21年にかけても、社殿の塗り替えや修理などが行われた。式年遷宮が行われるのは歴史の古い神社に限られている。

安曇氏は、古代における海人《あま》族のなかでももっとも有力なものと言われ、その発祥の地は、筑《ちく》前国糟屋《ぜんのくにかすや》郡安曇郷《あずみごう》（福岡市東区和白《わじろ》や福岡県粕屋郡新宮町の周辺）、ないしは志珂郷《しかごう》（福岡市東区志賀島《しかのしま》）を中心とした地域であるとされる。志賀島は、江戸時代に金印（漢委奴国王印《かんのわのなのこくおういん》）が発見された場所で、志賀海《しかうみ》神社が祀られている。その祭神は底津綿津見神《そこつわたつみのかみ》、仲津綿津見神《なかつわたつみのかみ》、表津綿津見神《うわつわたつみのかみ》で、これは住吉三神と同じ神である。

北九州から全国に移住した安曇氏

安曇氏は、北九州から全国に移住していくが、移住した地域は、九州から瀬戸内海を経由して近畿、中部、伊豆、さらには山形にまで及び、長野の安曇野も安曇氏に由来する。律令制のもとでは、天皇の食事を司る内膳司《ないぜんし》の長官をつとめた。

安曇野にある穂高《ほたか》神社は、安曇氏と関係が深く、綿津見神が祭神のなかに含まれている。その例大祭は、山のなかの祭であるにもかかわらず、「御船《おふね》神事（お船祭）」と呼ばれ、舟形の山車が出る。そこに安曇氏との関連が示されている。

『古事記』には、海幸彦と山幸彦の物語がある。山幸彦は、亡くした釣り針を探し求めて、塩椎神《しおつちのかみ》に教えられて、舟で海宮《かいぐう》に赴くことになるが、その海宮は綿津見神の宮と呼ばれる。この点で住吉の信仰と関連するが、山幸彦はそこで、海神の娘・豊玉毘売命《とよたまひめのみこと》と結ばれる。

航海と関係し風水害を鎮める神

祭という側面でも、住吉大社と海との関係は深い。夏に行われる例大祭は、「住吉祭」と呼ばれる。これは祇園祭と同様に御霊信仰から発するもので、夏の暑い盛りに多い疫病や虫の害、あるいは風水害を悪霊によるものととらえ、それを祓うための祭である。

住吉祭では、まず海の日（以前は7月20日）に、「神輿洗神事《みこしあらいしんじ》」が営まれる。これは、8月

1日に行われる「神輿渡御」のために、神輿を海水で清めるものである。このときには、汐汲《しおくみ》舟《ぶね》が大阪湾の沖合いに出て行って、汐を汲んでくる。

神輿渡御の際には、行列を組んで神輿を担ぎ、お旅所がある堺の宿院《すくいん》まで渡していくが、途中の大和川では川のなかを練り歩く。また、神輿を舟形の山車に乗せて引いていったりもする。

住吉大社の本殿は、「住吉造」と呼ばれる特異な形式で、屋根には千木と鰹木を戴き、破風が直線的なところに特徴がある。また、回廊がなく、天皇の即位儀礼である大嘗祭のときに臨時に立てられる社殿、悠紀殿、主基殿に似ている。その点で、古い形を残しているとも考えられる。

もっとも注目されるのは、住吉三神を祀る第一から第三の本宮が、東西の軸に直列に並んでいることである。そして、もう一つの祭神、神功皇后（息長足姫命《おきながたらしひめのみこと》）を祀る第四本宮は、第三本宮の北に並んでいる。これは、四艘《そう》の舟が並んで海を航行する姿を示したものだと言われ、遣唐使船との関連が指摘されてきた。

このように、住吉の神が航海と関係することから、近世には大阪の廻船問屋などが境内に灯籠を奉納するようになる。住吉大社にある灯籠の数は600基を超えている。稲荷の信仰に関連して、明治時代以降、多くの人間がお塚と呼ばれる石碑を伏見稲荷大社の稲荷山に建立したことについてはすでに見たが、住吉大社の灯籠は、その近世版と言えるものだった。

というのも、最初は3メートルに満たない高さだったが、しだいにより高い灯籠が奉納されるようになるからである。享保年間《きょうほう》（1716〜1735年）あたりから巨大化し、寛保《かんぽう》2（1742）年に松前津軽南部から奉納されたものは5メートルに達した。

天保年間《てんぽう》（1830年〜1844年）になると、5メートルを超えるものがあらわれる。宝暦《ほうれき》12（1762）年に江戸京都大阪三都の翫物商《かんぶつ》（玩具商）によるものは、再建されるたびに高くなり、7・44メートルに達した。

和歌の神にもなって井原西鶴も神徳を説く

住吉の信仰の場合、このような庶民的な要素もあったが、一方で、住吉というところは「清江《すみのえ》」と呼ばれ、松の緑が美しい風光明媚な土地として歌に詠まれたりした。そのため、和歌の神としても知られた。「住吉の松」は歌枕となった。『伊勢物語』や年代不詳の『住吉大社神代記』には、住吉大神が和歌によって神託を行ったことが記されている。

しかも、『万葉集』では、「住吉の現人神」と詠まれていることから、人の姿をとってあらわれると考えられ、その姿は絵画に描かれてきた。その際には、白髪の老人の姿をとることが一般的だった。

『源氏物語』では、光源氏の父にあたる帝や光源氏を明石に迎えた明石入道が住吉大神を信仰し、源氏も須磨に蟄居《ちっきょ》していたとき、その影響で信仰するようになる。須磨から戻ると、住吉大社に詣でている。

中世から近世にかけて成立した『御伽草子』にある一寸法師の物語では、子宝に恵まれない老夫婦が住吉の神に祈ったところ、一寸法師を授かったということになっている。ここには、住吉大社への信仰が、海上交通や漁業にかかわるものから広がっていったことが示されている。

これは和歌の神とされたことが関係するが、江戸時代に井原西鶴は住吉大神の神徳《じんとく》を説き、貞享元《じょうきょう》（１６８４）年6月5日に住吉大社の社前で、詠んだ句の数を競う「大矢数《おおやかず》俳諧」を行い、24時間で2万３５００句を詠んだ。松尾芭蕉も、元禄《げんろく》7（１６９４）年9月13日に訪れ、「升《ます》かふて分別替はる月見哉」という句を詠んでいる。その日は升の市で、住吉大社で買った升を使うと商売繁盛するとされている。

住吉信仰の原点が見える摂社・大海神社と水でつながる末社・貴船社

住吉大社の祭として名高いものに、住吉祭のほか、年頭の1月4日に行われる「踏歌《とうか》神事」がある。これは、昔「アラレバシリ」と呼ばれていたもので、白拍子舞《しらびょうしまい》と熊野舞が奉納されるが、『日本書紀』にも記載があり、古代に遡る祭である。

もう一つ、6月14日に行われる「御田植《おたうえ》神事」は、重要無形民俗文化財にも指定され、よく知られている。実際に田植えを行うところに特徴があり、神楽女による田舞や、住吉大社の祭典では恒例になっている住吉踊《おどり》が披露される。

　住吉大社の境内にある摂社、末社のなかにも興味深いものがある。たとえば、摂社の一つ、大海《だいかい》神社は豊玉彦命と豊玉姫命を祀るが、第一の摂社とされているうえに、社殿は本殿と同じ住吉造である。あるいは、住吉の信仰の原点がこの摂社に見出されるのかもしれない。摂社としてはほかに、安曇氏がその原郷である志賀島で祀っていた三神に相当する底津少童命《そこつわだつみのみこと》、中津少童命《なかつわだつみのみこと》、表津少童命《うわつわだつみのみこと》を祭神とする志賀神社がある。

　末社のなかには、次に述べる宗像三女神に含まれる市杵島姫命《いちきしまひめのみこと》を祀る浅沢《あさざわ》社がある。これは弁天ともされるが、その関係については、これから述べていく。もう一つ、えびす（事代主命）とだいこく（大国主命）を祀る市戎大国社《いちえびすだいこくしゃ》がある。えびすも、これから述べていくように海の神である。そして、近畿地方では、特異なえびす信仰が発達した。

　もう一つ、住吉大社には、貴船社という末社があり、毎年6月には例祭が営まれている。貴船社の祭神は高龗神《たかおがみのかみ》で、本社は京都の貴船神社である。高龗神は雨や水を司る神である。海の神ではないが、貴船神社の脇を流れる鴨川は淀川に通じており、淀川の水はかつては住吉大社が面していた大阪湾に流れ込んでいた。その点で、住吉大社と貴船神社は水でつながっている。

　貴船信仰に関係する神社は、貴舟神社、貴布祢《きふね》神社、貴布禰神社、木船神社、木舟神社などとも呼ばれ、「全国神社祭祀祭礼総合調査」では463社を数え、全体の19位である。住吉神社は、591社で16位である。

なお、貴船信仰にかんする神社は、福岡と大分にとくに多い。本社のある京都に6社しかないにもかかわらず、福岡には140社もあり、大分にも94社ある。福岡では、天神、八幡についで3位である。

なぜそうなのか。しかも福岡には、水の神として、次にのべる宗像大社の神がある。これについては、神道でもっとも重要な祝詞である大祓詞に登場する瀬《せ》織津《おりつ》姫神《ひめのかみ》と貴船の神とが同一視され、さらに瀬織津姫神が宗像三女神の一つ、湍津《たぎつ》姫神《ひめのかみ》と同じであるとする信仰がかかわっているという説がある。宗像の神は「鎮護国家之霊神」として公的、国家的な性格をもたされたため、それを庶民が祀るのははばかられた。そこで貴船の神がもち出されたというのである。しかし、ほかにも水を司る神はある。なぜ九州で貴船信仰が広まったのか、その謎は解けていない。

現在も女人禁制の宗像大社の沖ノ島・沖津宮

次は宗像の信仰について述べていくが、住吉大社の第四本宮には神功皇后が祀られている。その神功皇后が新羅に出兵した際には、宗像で航海の安全を祈願したとされる。神功皇后は神話上の存在で、斉明《さいめい》天皇（最初は皇極《こうぎょく》天皇）や持統《じとう》天皇がモデルだったのではないかと言われる。八幡神と習合した応神天皇の母でもあり、宗像大社は八幡神の発祥の地である宇佐神宮と同じ北九州にある。

『古事記』では、伊邪那岐命から住吉三神が生まれた直後に、左目を洗ったところ天照大御神が、右目を洗うと月読命が、そして鼻を洗うと建速須佐之男命《たけはやすさのおのみこと》が生まれたとされている。この天照大御神と須佐之男命が、高天原で天の安の河を挟んで相対し、誓約《うけい》をした際に、天照大御神の吐き出した息が霧となって、そのなかに生まれたのが宗像三女神であるとされる。

宗像大社の場合、特異な点は、祭神を祀る場所にある。住吉大社では、住吉三神が同じ境内のなかに祀られているが、宗像大社では、田心姫神は沖津宮に、湍津姫神は中津宮に、そして市杵島姫神は辺津宮《へつみや》にと、離れた場所に祀られている。

辺津宮が宗像市田島にあり、内陸であるのに対して、中津宮は響灘《ひびきなだ》と玄界灘《げんかいなだ》の境に浮かぶ筑前大島にあり、新湊港からフェリーで渡らなければならない。沖津宮になると、九州本土から約60キロメートル離れた玄界灘の真っただ中にある。絶海の孤島で、定期船はなく、海上タクシーなどで行かなければならない。

このなかでもとくに注目されるのが沖ノ島の沖津宮である。沖津宮自体はただの小祠にすぎないが、島内には古代に遡る数多くの祭祀遺跡がある。それは、奈良の大神神社と並んで、神道のもっとも古い信仰を伝えるものではないかと言われている。

沖ノ島の祭祀遺跡は古墳時代の4世紀のものから平安時代の10世紀のものまで23カ所あり、遺物は約8万点に及んでいる。島内にはいくつもの巨岩があり、祭祀はその上や岩陰などで行われた。後の時代になると、半分露天でも行われるようになり、最後はまったくの露天で行われている。

これは民俗学者、国文学者の益田勝実が『秘儀の島』（益田勝実の仕事4、ちくま学芸文庫）という本のなかで唱えた説だが、古墳時代後期前半、6世紀後半に祭祀が行われたと推定される7号遺跡では、遺物の分布から、『古事記』に記された天照大御神と須佐之男命の誓約の場面が儀礼として演じられた可能性がある。中央部の奥には玉を集めた三つの塊があり、それは宗像三女神の姿に通じている。

果たしてこの説が正しいのかどうか、検証することは容易ではないが、少なくとも祭祀に用いられた祭具は豪華なもので、それが大和朝廷によるものだった可能性は高い。神話を儀礼として演じることによって世界を更新しようとする営みは世界各地に伝わっており、大和朝廷はそれを日本と朝鮮半島とを結ぶ絶海の孤島で試みたのかもしれないのである。

沖ノ島は、今でも女人禁制で、たとえ男性であっても、普段は島のなかに入ることはできない。毎年5月27日にはそれが許されるが、人数は200人に限定されている。ほかは、特別に許可された人間しか入れない。昔は「オイワズサマ」と言われ、島で見たことは絶対に口外してはならないとされていた。

厳島神社も市杵島姫神由来

宗像の信仰は、宗像神社、あるいは胸形《むなかた》神社、宗形《むなかた》神社といった形で瀬戸内海沿岸や近畿地方に広がっているが、その数はそれほど多くはない。むしろ、宗像三女神を祀る著名な神社として安芸《あき》一宮の厳島神社があり、この厳島の信仰の方が広がりを見せている。

厳島の名は、宗像三女神の一つ、市杵島姫命に由来しており、祭神としては市杵島姫命が中心であった。全国には、厳島神社や八王子社、天真名《あまのまな》井《い》社《しゃ》といった形で宗像三女神を祀る神社が広がっているが、それ以外の名称をとるところも少なくない。それが、宗像・厳島信仰の特徴であるとも言える。

さらには、三女神のうち一柱だけを祭神、ないしは主たる祭神としているところもある。たとえば、日光二荒《にっこうふたら》山《さん》神社では田心姫神が祭神の一つとなっているし、青森の岩木《いわき》山《やま》神社では、湍津姫神が多都比《たつひ》姫神《ひめのかみ》として祭神のなかに含まれている。市杵島姫神については、全国に市杵島神社（あるいは市杵島姫神社など）がある。

この市杵島姫神については、中世以降の神仏習合の信仰のなかで弁財天と習合したことが大きな意味をもった。弁財天は、弁天とも略称されるが、もともとはヒンドゥー教の女神であるサラスヴァティーに由来する。それが仏教に取り入れられた。『金光明最勝王経』の「大弁才天女品」では、知恵の神としての功徳が説かれた。

そこから、日本でも弁財天に対する信仰が広がるが、サラスヴァティーが水辺で楽器を奏でる姿で描かれたことから、水にかかわる神、あるいは音楽の神とされるようになる。また、財が財産に通じることから財宝神としても信仰された。七福神のなかに唯一女神として含まれたことも、その信仰が広まる大きな要因になった。

さらに弁財天は、中世において宇賀神《うがじん》とも習合した。宇賀神は、記紀神話に登場する宇迦之御魂神（倉稲魂命）に由来する。宇迦之御魂神は、すでに述べたように伏見稲荷大社の主祭神、稲荷神のことである。

その点で、宇賀神は穀物神であるわけだが、蛇がとぐろを巻いている姿で描かれ、頭だけが人である。その点では、龍神の一種で、宇賀弁財天とも呼ばれた。龍や蛇は水との結びつきが強い。

漁業と商業の神・恵比須

七福神のなかで、弁財天とともに水にかかわるものが恵比須である。恵比須は、恵比寿、恵美須、夷、戎などとも表記され、関西では「えべっさん」として親しまれている。恵比須を祀る神社は全国に408社あり、全体では21位である。

恵比須はもともと漁業の神であり、外来の神であるようにも思えるが、インドにも中国にもそれにあたる神はない。現在では、蛭子神、事代主神、大国主神などと同一視されたりもするが、それは後の時代になってからのことである。

はじめて「えびす」という名が資料に登場するのは、平安時代末期に成立した国語の辞書『伊呂波字類抄』においてで、それは、室町時代に七福神信仰が広まる前のことである。

恵比須は、蝦夷《えみし》が転訛したものではないかという説がある。大和朝廷は、日本全国を支配下におくために、蝦夷のような異なる民族と戦わなければならなかった。その敵は強く、そこから恵比須には最初、たけだけしい武神のイメージを伴っていた。それは、恵比須の本地仏が毘沙門天や不動明王とされていたことに示されている。

その後恵比須は、記紀神話の国生みの物語に登場する水蛭子《ひるこ》と習合する。水蛭子は骨のない子の意味で、すぐに葦船に乗せて流されてしまう。これは、伊邪那岐命と伊邪那美命による国生みが最初失敗したことを意味している。そこには、流産、死産のイメージが重ね合わされている。

ところが、鎌倉時代になると、現在えびす神社の総本社とされる兵庫県西宮市の西宮神社の祭神である夷三郎《えびすさぶろう》（えびす大神）は、流された水蛭子がその後海を領する海神となったもので、西宮神社に鎮座するようになったという伝承が生まれる。また、「ひるこ」が天照大御神に通じることから、太陽神としての性格ももつようになる。

『古事記』に記された出雲国譲りの物語において、大国主命の子である事代主命が、魚釣りを行い、また、その箇所に天鳥船神《あめのとりふねのかみ》が登場することから、漁業の神としての恵比須と習合するようになる。これが、七福神を描いた絵において、恵比須が釣竿をもち、鯛を抱えている姿で示される原因となっていく。

このように恵比須は最初、海の神、漁業の神として信仰の対象になったわけだが、中世においては、商業の神としても祀られるようになる。七福神の信仰が確立されると、福神としての性格をより強くもつようになっていく。

祭礼としては、「十日えびす」の行事が生まれた。これは、正月の10日に営まれるもので、えべっさんとも呼ばれ、「商売繁盛で笹持って来い」の掛け声が境内に響き渡る。この行事で名高いのが、西宮神社のほか、大阪の今宮戎《いまみやえびす》神社や京都の京都ゑびす神社である。西宮神社では、このとき午前6時の開門後、最初に本殿に走り込んだ者を「福男」とする習俗があり、これは毎年、テレビニュースでも取り上げられる。

恵比須信仰に関係する神社は、夷神社、戎神社、胡神社、蛭子神社、恵比須神社、恵比寿神社、恵美須神社、恵毘須神社などと称しているが、西宮神社や島根県松江市の美保《みほ》神社のように、えびすの語を含まないところもある。

石段785段！ 現在は海上自衛隊員の信仰を集める金毘羅信仰

もう一つ、海上交通を司る神として名高いのが金毘羅信仰である。その中心は、香川県仲多度《なかたど》郡琴平町《ことひらちょう》にある金刀比羅宮《こんぴらぐう》で、金毘羅宮《こんぴらぐう》や琴平宮《こんぴらぐう》とも呼ばれる。これに関連する神社は、金刀比羅神社、琴平神社、金比羅神社と呼ばれ、全国に601社あり、全体では15位である。

その点で、神社信仰として重要なものと言えるが、金刀比羅宮は明治になるまで象頭山松尾《ぞうずざんまつお》寺金光院《じこんみょういん》と称し、真言宗の寺院だった。祭神は現在大物主命とされ、相殿に崇徳天皇が祀られているが、これも明治以降のことで、金刀比羅宮に祀られた存在はむしろ「金毘羅大権現」として知られてきた。民謡の「金毘羅《こんぴら》船々《ふねふね》」にある通りである。

こうした点で、金毘羅の信仰は仏教色が強く、むしろ前の章で扱った修験道系のものとしてとらえるべきかもしれない。実際、松尾寺の縁起では、修験道の祖である役小角が、天竺にある象頭山に登った際、護法善神である金毘羅の神験に出会ったことが開山に結びついたという伝承がある。

金毘羅の源流は、ヒンドゥー教の神、クンビーラで、これは、ガンジス川に棲息する鰐を神格化したものである。また、象頭ということでは、やはりインドの神、ガネーシャ神のことが想起される。

金刀比羅宮の創建がいつなのかははっきりしないが、その信仰が盛んになるのは江戸時代に入ってからである。金毘羅参りの習俗が生まれ、多くの庶民がそこを訪れるようになる。伊勢参りと同様に、一生に一度金毘羅参りをすることが庶民の悲願ともなった。785段の石段を登らなければならないことも、金毘羅参りが達成感を生むことにつながった。現在でも、漁業関係者や船員、あるいは海上自衛隊員の信仰を集めている。

【この章の主な参考文献】

・上田正昭編『住吉と宗像の神』筑摩書房
・近藤喜博『金毘羅信仰研究』塙書房
・真弓常忠『住吉信仰』朱鷺書房
・三好和義他『住吉大社』淡交社
・吉井良隆編『えびす信仰事典』戎光祥出版

おわりに

この本では、日本人が長く信仰してきた神々を取り上げ、その由緒や性格、そして、それぞれの神を祀る神社のあり方について見てきた。

しかし、これによって、日本で祀られたすべての神々を取り上げたというわけではない。

再三紹介してきた「全国神社祭祀祭礼総合調査」において25位(ただし、25位は同数なので神の数は26)までに入っている信仰のうち、この本でまだ取り上げていないものは、10位の山神信仰、13位の三島・大山祇《おおやまづみ》信仰、17位の大歳《おおとし》信仰、24位の荒神《こうじん》信仰、賀茂信仰と25位を分け合った水神《すいじん》信仰である。

このうち、三島・大山祇信仰は、瀬戸内海に浮かぶ大三島(愛媛県今治市大三島町宮浦)にある大山祇神社が中心で、総本社が明確だが、ほかの山神、大歳、荒神、水神となると、それぞれは山の神、正月にやってくる年神、もともとは悪神である荒神、そして水辺の神といった土俗的、土着的な自然神の信仰から発展したもので、全国の中心となるような神社、総本社は存在していない。だからこそ、個々に取り上げて、その信仰内容について述べてこなかったのである。

こうした自然神のなかで特徴的なのは荒神である。荒神は、「三宝荒神」と呼ばれることが多いが、ここで言う三宝とは、仏教において衆生が帰依すべき対象である仏法僧のことである。その点で、三宝荒神は仏教の守護神ということになり、実際その役割を担っているが、一般には、庶民の間で火の神、竈《かまど》の神として祀られてきた。

火は、人間が生活していく上において欠かせないものだが、一方で、火事は恐ろしい。その点で、荒神には善神としての性格と悪神としての性格の両面が与えられてきた。しかも、神道と仏教の双方にかかわる神仏習合の性格が強いのだ。

三島・大山祇信仰の場合、大山祇（積）神を祭神としているが、この同じ神を祭神としているのが静岡県三島市の三嶋《みしま》大社である。神社の名称は異なるが、祭神が共通することからひとまとめにされている。三嶋大社は、大山祇神社から大山祇神を勧請したともされるが、詳しいことは分かっていない。

大山祇神は、『古事記』において伊弉諾尊と伊弉冉尊の間に生まれたとされる。『日本書紀』では、浅間神社の祭神である木花咲耶姫の父親とされる。

大山祇神という呼称は、大いなる山の神という意味で、山神信仰の神社ではこれを祭神として祀るところも少なくない。また、『伊予国風土記』逸文では、和多志大神という別名で登場するが、「わた」は海を意味する古語で、その点で海の神でもある。だからこそ、大三島という島に祀られているわけである。

このほかに、「全国神社祭祀祭礼総合調査」では上位25位までには挙がっていないものの、ある程度その信仰が全国に広まっているものがいくつかある。

あいうえお順に行けば、まず群馬県中部にある赤城山を御神体として祀る赤城神社がある。その地方の豪族の信仰に由来すると思われるが、祭神は赤城大明神と呼ばれることが多い。東京都新宿区赤城元町には、鎌倉時代に勧請されたとする赤城神社がある。こちらの赤城神社の社殿などは、現在とてもモダンな作りになっており、デザインを担当したのは建築家の隈研吾である。

御霊《ごりよう》神社も関西圏を中心に各地で祀られているが、祟り神である御霊神を祀るものである。たとえば、京都市上京区にある上御霊神社では、流罪に処せられたり冤罪を被った崇道天皇(早良親王)、他戸《おさべ》親王、井上皇后、藤原吉子、文屋宮田麿、橘逸勢、吉備大臣《きびのおとど》などが「八所御霊」として祀られている。

塩の神を祀る鹽竈《しおがま》神社は、宮城県塩竈市にある志波彦《しわひこ》神社・鹽竈神社が総本社で、宮城県を中心に分布し、長野、名古屋、和歌山などにもある。

水天宮は、福岡県久留米市の水天宮を総本宮とし、その分社である東京都中央区の水天宮も安産、子授けの神としてよく知られている。久留米の水天宮では、天御中主神のほか、安徳天皇、建礼門院徳子、二位の尼と壇ノ浦で入水した平家の関係者を祭神として祀っており、東京の水天宮でも同様である。安産の神となったのは、語呂合わせの結果とも言われるが、その経緯ははっきりしない。

近世になると、人の死後、それを神として祀るようになり、新たな信仰が生み出されていった。天神、天満宮、あるいは今ふれた御霊神社のように、不遇な生涯を送り、死後に祟りを引き起こした祟り神を祀るということは、昔から行われていた。ただ、近世におけるものは、祟り神を鎮めることを目的としたものではなく、偉大な生涯を送った人物を死後に顕彰する目的で祀られたものである。

そのきっかけを作ったのが、15世紀から16世紀にかけて吉田神道を創始し、神道界に大きな影響を与えた吉田兼倶である。兼倶は、その死後、吉田神道の拠点である京都の吉田社（現在の吉田神社）の境内に葬られたが、神龍社に神龍大明神として祀られることとなった。

この影響で死後に神として祀られたのが、豊臣秀吉であり、徳川家康といった天下人であった。

秀吉は、兼倶の影響で、死後神として祀られることを望んでいた。本人としては、武神である八幡神として祀られることを希望していたらしいが、吉田兼見の進言によって、「豊国大明神」の神号を朝廷から与えられ、豊国社（現在の豊国神社）が建立されることになる。最初、豊国社は東山阿弥陀ヶ峰《ひがしやまあみだがみね》山麓に祀られた。

その後、関ヶ原の戦いで徳川家康が勝利をおさめ、徳川幕府が開かれる。豊臣氏が、大坂の陣で破れて滅亡すると、徳川幕府は豊国社を破壊した。豊国社が現在地に再建されたのは、明治13（1880）年になってからのことである。

家康の方も死後神として祀られることになるが、側近の金地院崇伝と天台僧、天海の間で祀り方について対立が生まれる。崇伝は、吉田神道の立場から、明神として祀ることを主張したものの、天海は、秀吉の例から明神は不吉であるとし、山王一実神道にもとづき東照大権現として祀ることを主張した。結局は天海の主張が通り、家康の遺骸は最初に葬られた駿河の久能《くのう》山《ざん》から日光に移され、日光東照宮が建立される。

日光東照宮の社殿は、装飾過多と言えるほどさまざまな意匠が施されたもので、透かし彫りや丸彫りによって人物や動物がいたるところに彫り出され、その数は500を超えている。そこには陰陽道の影響があるとされるが、その豪華さは幕府の権威を高めるためのものであり、代々の将軍は、東照宮に詣でる社参をくり返した。東照宮は全国に勧請されている。

近代に入ると、政治的な意図をもって、天皇や皇族、あるいは南北朝時代の南朝の忠臣、さらには近世の志士や神道家を祀る神社がつぎつぎと創建されていく。

主なものとしては、橿原《かしはら》神宮（祭神は神武天皇）、平安神宮（祭神は桓武天皇・孝明天皇）、明治神宮（祭神は明治天皇・昭憲《しょうけん》皇太后）、湊川《みなとがわ》神社（祭神は楠木正成）、阿倍野《あべの》神社（祭神は北畠顕家《きたばたけあきいえ》・親房《ちかふさ》）、本居宣長ノ宮（祭神は本居宣長）、彌高《いやたか》神社（祭神は平田篤胤《あつたね》・佐藤信淵《のぶひろ》）、松蔭神社（祭神は吉田松蔭）、梨木《なしのき》神社（祭神は三條實萬《さんじょうさねつむ》・實美《さねとみ》）、乃木《のぎ》神社（祭神は乃木希《まれ》典《すけ》）、東郷神社（祭神は東郷平八郎）、赤穂《あこう》大石《おおいし》神社（祭神は四十七士）、報徳二宮《ほうとくにのみや》神社（祭神は二宮尊徳）などである。

もう一つ、近代になって建立された神社としては、軍人や軍属などの戦没者を英霊として祀る靖国神社や、東京以外の各道府県にある護国神社がある。靖国神社は、戦前においては、内務省が人事を所管し、陸軍と海軍が祭事を統括した特殊な神社である。そこに祀られた英霊の数は、２４６万６５００柱を超えている。これだけ多くの祭神を祀っている神社はほかにない。

「はじめに」でも述べたように、日本は多神教の国で、八百万の神々が信仰の対象になっているとされてきたものの、日本人がどういった神を祀り、それぞれの神への信仰にどういった特徴があるのか、その点は必ずしもよく知られていないし、さほど関心も向けられてこなかった。

しかし、この本を通して明らかになったように、それぞれの神はその由緒を異にしているし、そうした神を祀った神社の歴史も多様である。重要なことは、神によってその信仰の内容も形態も異なっている点で、それぞれに独自の信仰世界が確立されている。それは、日本の神々の世界が一般に認識されている以上に、多様で豊穣であることを意味する。

多くの人は、初詣に訪れるほか、一年に何度か神社に詣でる機会があるだろう。最近は、「パワー・スポット」がブームになっており、神社がその対象になることも少なくない。その影響なのか、各地の神社を訪れてみると、若い人たちの姿を多く見かける。むしろ、年配者は少数派になっている。

その点で、日本の神々への信仰は、世代を超えて受け継がれていることになるが、それぞれの神社においてどういった神が祀られ、その神の歩んできた歴史や、その意味について、神社に詣でた人たちがどの程度知っているのか、その点はこころもとない。

それは、詣でる側の勉強不足ということにもなるが、原因はそれだけではない。仏教では、各種の仏典が決定的な意味をもち、そこには文字の世界が展開されているものの、神道では、教典はほとんど意味をもっておらず、文字の世界になっていないからだ。

神社には、社殿と広大な境内地があるだけである。仏教の各宗派では、宗祖の経てきた宗教家としての生き方が語られ、そこに信仰が具体的に示されているが、神道ではそうしたことがない。それがために、神道やその祭神、あるいは神社について、知識が共有されていかないのである。

その点で、仏教にアプローチしていく方法と、神道にアプローチしていく方法は、どうしても異なったものにならざるを得ない。この本を通して、読者が、日本の神々の世界についての認識を新たにしていただくことができたとしたら、著者としてこれほど嬉しいことはない。

幻冬舎新書 326

なぜ八幡神社が日本でいちばん多いのか

【最強11神社】八幡／天神／稲荷／伊勢／出雲／春日／熊野／祇園／諏訪／白山／住吉の信仰系統

二〇一三年十一月三十日 第一刷発行
二〇一三年十二月二十日 第三刷発行

著者 島田裕巳
発行人 見城 徹
編集人 志儀保博
発行所 株式会社 幻冬舎
〒一五一-〇〇五一 東京都渋谷区千駄ヶ谷四-九-七
電話 〇三-五四一一-六二一一(編集)
〇三-五四一一-六二二二(営業)
振替 〇〇一二〇-八-七六七六四三
ブックデザイン 鈴木成一デザイン室
印刷・製本所 株式会社 光邦

検印廃止

Printed in Japan ISBN978-4-344-98327-4 C0295
し-5-6

幻冬舎ホームページアドレス http://www.gentosha.co.jp/
*この本に関するご意見・ご感想をメールでお寄せいただく場合は、comment@gentosha.co.jp まで。